미국의 정체성 10가지 코드로 미국을 말한다

차례

Contents

열 가지 문화코드

한 나라의 문화를 규명하는 일은 커다란 산의 모양새를 설명하는 일처럼 쉬운 일이 아니다. 여러 방면으로 뻗은 산기슭과 계곡, 그 안에 살아 숨쉬는 관목과 침엽수림, 험준한 준령을 따라 이어지는 산봉우리들을 다 파악하기 전에는 그 산을 제대로 설명할 수 없다. 우리의 식문화를 소개할 때도 보글보글 뚝배기에 끓는 된장찌개의 참맛을 전달하기가 쉬운 일이 아닌 것처럼 말이다. 더구나 전혀 뚝배기의 개념에 익숙하지 않고 장맛에 낯선 외국인에게 그 진수를 설명하는 것은 참으로 난감한 일인 것이다. 이 책에서 나는 미국에 대해 바로 이렇게 난감하기 그지없는 문화 분석의 작업을 하려 한다.

우리가 제일 분개하는 나라 미국 그러나 제일 가고 싶어하는 나라 미국. 대체 미국이 뭐길래 우리를 그리도 기분 나쁘게 만들어서 밤마다 신들리듯 촛불 시위를 계속하게 하는가? 그러나 왠지 그곳의 삶에 대한 부러움을 떨쳐버릴 수 없어서, 내가 아니더라도 내 자식, 아니 내 손자만이라도 그 나라 사람이 되게 만들고 싶어 안달하는 미국.

도대체 미국이 뭐길래 이 땅 위에 홀로 남은 수많은 기러기 아빠들이 애틋한 부성애를 가슴에 묻고 달 기우는 먹자골목에서 배회하는가?

그러나 따지고 보면 미국도 사람들이 사는 하나의 나라, 그 이상도 그 이하도 아니다. 그곳도 우리가 살듯이 자식에게 아낌없는 사랑을 주며, 이웃과 어울려 사이좋게 지내고, 주말에는 맥주 잔을 기울이며 스트레스 풀고, 주중에는 주말을 기다리며 열심히 뛰면서, 모두 길어진 노후 걱정을 하며 젊어서 저금을 해야 되는데 마음먹은 대로 잘 되지 않는다며 우리와 공통된 애환을 가지고 살아가는 사람들이 사는 나라다.

이제는 우리가 입는 옷이나 머리 색깔과 체형마저 미국인들과 비슷해간다. 그럼에도 불구하고 그들이 '핏짜'를 먹거나 커피를 마시는 방식은 우리가 '아메리칸 커피'를 마시거나 피자를 먹는 방식과 사뭇 다르다. 그리고 그들의 생활습관과 사고방식은 블루진과 셔츠를 한 꺼풀 벗으면 드러나는 그들과 우리 사이에 있는 용모만큼 다르다.

이런 다름의 심원에는 두 나라 사람들의 행위의 규범(codes of conduct)을 형성하는 다양한 가치체계가 복잡하게 얽혀 있다. 바로 이 가치관들이 모여 한 문명권에 사는 사람들의 행동 양식과 문화를 규정한다. 어떤 이들은 미국 문명은 곧 이슬람권 문명과 충돌하리라고 예언하고, 다른 이들은 동북아의 유교권과의 갈등도 만만치 않다고 본다. 더러는 미국의 지배문명은 세계 곳곳의 종속문명들과 충돌하여 땅 속으로 꺼지거나 하늘로 사라질 것으로 보든지, 아니면 은근히 그런 것을 바라고 있다. 그러면 여기서 미국 문화의 핵을 구성하는 부호 열개를 가려내어 하나하나 살펴보면 미국 문명 전체에 대한 윤곽과 음영이 보다 선명하게 드러나지 않을까?

비교문명학의 원조 토인비(Arnold J. Toynbee Jr.)는 두 문명이 만날 때, 우선은 가장 피상적인 의식주에 관한 부분이 섞이고, 그 다음에야 문화의 진수라고 할 수 있는 비가시적인 가치체계의 교류가 있게 마련이라고 통찰했다. 우리는 미국인들의 피상적인 삶의 방식에는 이미 익숙해 있다. 그러나 아직도 미국인들을 움직이게 하는 행위의 기저에 흐르는 신념과 부호체계에 대해서는 충분히 파악하지 못하고 있다. 그러므로 미국 사회 전체의 모습은 우리에게 애매모호하고 혼돈된 모습으로, 아니면 단편적으로만 다가올 뿐이다.

미국이 새로운 국가로 세상에 태어나자, 사람들은 미국인의 행동양식이 유럽인들의 것과는 다르다는 데에 호기심을 보였다. 일찍이 1830년대에 미국을 방문한 토크빌(Alexis de Tocqueville)이나, 그보다 더 일찍이 미국에 와서 살게 된 크레베쾨르(J. Hector de Crevècoeur)는 그런 호기심이 발동하여 미국 문화 규명에 선구적으로 나섰다. 이 두 프랑스인은 한결같이 미국 사회의 자유스럽고 탁 트인 분위기와 신분과 계층의 차이가 유럽보다 훨씬 덜한 데에 경탄을 금치 못한다. 말하자면 이들은 미국 사회에 팽배한 자유와 평등이라는 화두를 미국의 문화코드로 유럽에 널리 알린 저술가들이었다. 그들의 관찰은 미국 문화를 읽는 중심 코드로 지금까지도 이어져 내려오고 있다.

더구나 제2차세계대전 후 미국이 초강대국으로 떠오르면서 여러 분야의 석학들은 미국 문화의 정체성을 규명하는 데에 관심을 많이 보였다. 그들 대부분은 미국인들이 역동적, 진취적, 낙천적, 관용적, 비형식적이며, 직설적이고 솔직하며 준법성이 강하다는데 동의했다. 미국인의 이런 기질은 그들이 믿는 여러 가치체계의 상호작용으로부터 나온다. 필자는 이 책에서 미국 문화의 핵심에 내재한 요소를 열 개의 코드 - 개인주의, 자유의 예찬, 평등주의, 법치주의, 다문화주의, 퓨리턴 정신, 개척정신, 실용주의, 과학기술의 신뢰, 미래지향주의 - 로 정리해 보았다. 이 열 개의 대표적인 코드를 분석해가면 미국 문화의 복잡한 맥락에 보다 수월하게 접근할 수 있지 않을까 하는 바람에서이다.

다수의 횡포에 대한 견제 – 개인주의

미국인에게 프라이버시라는 단어는 많은 의미를 지닌다. 예컨대, 종교와 정치는 프라이버시에 속하니까 대화에서 피하라는 경구가 있다. 이것은 그런 주제에서 피차 동의하지 않는 사람들 사이에서는 상대방의 개인적인 판단 영역을 침해하지 말라는 조언이다. 미국 리버럴리즘의 대부 제퍼슨(Thomas Jefferson)은, 일찍이 종교란 한 개인과 그의 창조주 사이에 존재하는 것으로, 거기에 정부의 권력이나 사회적 강요 같은 어떠한 형태의 압력도 끼어들어서는 안 된다고 천명했다. 이런 개인의 권리에 대한 숭배는 종교의 자유는 물론 다른 여러 가지 영역에서도 개인의 취향과 판단을 소중한 것으로 존중하는 풍토를 만들어냈다.

미국에서 햄버거를 먹을 때는 초이스가 많아서 일일이 대답하기가 귀찮을 정도다. "모두 다 넣을까요?"라고 물으면 많은 미국인들은 "마요네즈는 빼고요, 양파도 빼세요" 그러든지, 어떤 이는 피클과 케첩을 빼라는 사람, 아니면 겨자를 빼라고 하는 이 등 주문도 구구 각각이다. 단지 5천원짜리 햄버거를 바쁜 점심시간에 줄을 늘어서며 주문해도 이렇게 순열 조합의 번거로움을 마다 않고 개개인의 구미를 맞추어주는 것이 미국이다. 그런 것이 우리 나라에 오면, 빅맥이나 와퍼는 모든 곳에서 똑같이 부가사항들을 몽땅 다 넣고 "묻지마" 포장으로 확 싸여져서 제공되고 고객들은 모두 그런 것에 불편을 느끼지 않고 잘 먹는다. 같은 가격대의 서민 음식이지만 우리의 설렁탕은 다대기를 넣느냐 아니냐로 초이스가 좁아진다. 그리고 고객에게 묻는 것조차 귀찮다는 듯 그냥 식탁 위에 상존한다.

부모가 자식에게 재산을 물려주는 처사도 미국에서는 아주 개인주의적이다. 부모들은 자녀 결혼 때 집을 장만해 주어야 한다는 강박 관념도 없고 자녀에게 사업자금을 대주고 빈털터리가 되는 경우도 드물다. 그들은 큰 재산을 꼭 쥐고 있다가 사망 후에야 자식들에게 유산으로 분배해 주는 것을 원칙으로 하고 있다. 그러므로 한 50대에 들어서야 부모의 유산 덕분에 꿈만 같던 목돈을 손에 쥐고 더 늦기 전에 유럽산 스포츠카도 사보고, 호화 여행도 해보면서, 평생 하고 싶었던 소비행각을 잠시나마 즐기는 경우가 많다. 중년의 남자가 갑자기 빨간 스포츠카를 샀다면, 필경 그는 유산을 받았든가, 바람이 났든가,

둘 중의 하나이다.

개인주의는 이기주의가 아니다

미국인의 문화를 연구한 사람들이 미국의 가장 현저한 특성으로 지적하는 것이 개인주의라는 코드이다. 세계에 퍼져 있는 수많은 IBM 직원들을 계량적으로 조사한 호프스테드(Greet Hofstede)도 미국 사회의 현저한 특성으로 개인주의를 우선으로 꼽았다. 'individualism'이라는 말을 처음 주조해낸 이는 앞서 언급한 토크빌로서, 그는 미국에서 사람들이 민주주의적인 새로운 사회를 만들어가는 것을 경이의 눈으로 바라보았다. 그는 미국에서의 비슷비슷한 삶의 조건과 평등하고 자발적으로 살고 있는 사람들의 태도를 칭찬했으나, 다른 한편으로 이 민주주의적 정서가 '다수의 횡포'를 불러 올 수도 있다고 경고하는 것을 잊지 않았다. 그리고 이에 대한 해독제로서 제시한 것이 바로 '개인주의'였다.

집단주의적 논리에 익숙한 우리 나라 같은 곳에서는 '개인주의'라는 말을 나만 생각하고 단체의 이익을 전혀 고려하지 않는 얌체족 같은 부정적인 의미로 사용한다. 그러나 미국인들이 이해하는 '개인주의'라는 것은 나의 주장도 내세우지만 타인의 취향도 존중한다는 긍정적인 메시지를 포함한다. 비교인류학의 대가 클루크혼 부부(Clyde and Florence Kluckhohn)나 스트로트벡(Frederick Strodtbeck)은 미국인들이 철저히 믿는 개인주의적 가치관은 모든 사람들은 동등한 권리를 가졌고, 자신들의 운명을 완전히 지배할 수 있다는 개념이라고 정의했다. 이에 따라 개인들이 그렇지 못하다고 느낄 경우에, 마치 미국인들은 "신의 뜻을 거역하고 헌법의 정신을 위배한 듯이 느낄 정도로 분개한다"고 사모바르(Larry A. Samovar)나 포터(Richard N. Porter)도 언급했다.

개인주의의 화신 제퍼슨

미국에서 개인주의의 기수는 예나 지금이나 토마스 제퍼슨이다. 그의 기본적 개념은 국가의 권력이 너무 커지면 개인의 권리를 침해할 수 있다는 우려에 바탕을 두고 있다. 선조들이 아메리카 대륙으로 이민을 오기 시작했을 때 그들은 영국에서 국가의 종교적 압제도 경험했고, 또 공화정이라는 미명하에 크롬웰의 독재도 경험한 터였다. 이에 따라 미국에 이민온 후예들에게는 조직이 커지면 개인의 권리를 침해한다는 신념이 강하게 흐르게 되었다. 이것을 어떤 학자들은 미국의 반국가주의(anti-statism) 내지는 반체제주의(anti-institutionalism)적 전통이라고 풀이했다. 제퍼슨의 개인주의의 신봉은 이런 미국의 근본적인 신념에 기초한다.

미국이 독립할 당시 13개 주를 연방으로 묶어놓은 기본 규약은 '연합헌장(Articles of Confederation)'이었다. 이것은 마치 국제연합헌장과 같이 중앙정부의 지휘력과 결속력이 없었고 각

주에게 너무 많은 권력을 위임했다. 그리하여 헌법을 새롭게 만들고자 각 주의 대표들이 모여 헌법을 기안해 통과시켰다. 그러나 이 문서는 다시 각 주에서 비준받아야 했다. 새로 생겨난 13주들의 3/4이 동의하면, 그것은 그제서야 미국연방정부의 헌법이 되는 것이었다.

그러나 제퍼슨은 당시 세력이 가장 막강하던 버지니아 주에서 이 헌법의 비준에 결사반대했다. 그가 반대한 이유는 이 헌법은 정부의 구조에 대한 이야기뿐이었고, 개인의 권리를 보장하는 부분이 없다는 것이었다. 그리하여 제퍼슨을 따르는 자들은 종교의 자유에서부터 행복추구권까지 시민의 기본권을 명시한 10개 조의 수정조항을 헌법에 부가할 것을 전제 조건으로 약속받고서야 비준에 동의했다. 이 최초의 10개 수정조항은 미국의 권리장전으로 불리며 현재도 미국 시민들의 개인적 권리를 보호하는 가장 기본적 근거로 쓰인다.

한편, 헌법 비준의 과정에서 이렇게 일어난 논쟁으로 말미암아 미국에서 자유주의자와 보수주의자의 선이 처음으로 그어진다. 제퍼슨 지지자들은 반연방파를 형성하여 헌법의 비준을 밀고 나가려는 연방파들과 심각한 논쟁을 벌였다. 연방파는 당시 워싱턴 대통령 밑에서 재무장관을 하던 해밀턴(Alexander Hamilton)을 선두로 해서 경제, 군사, 외교의 막강한 권력을 연방정부로 집중시켜 강력한 정부를 만들려는 꿈에 부풀어 있었다. 그도 그럴 것이 해밀턴은 워싱턴 장군이 독립전쟁을 이끌 때 그의 전속 부관 노릇을 했는데, 각 주마다 각기 지역 이기주의를 내세우며 연방의 전쟁 수행에 비협조적으로 나오는 바람에 이만저만 고초를 겪은 것이 아니었다. 이런 경험이 그로 하여금 각 주들의 권한을 약화시킬 수 있는 강력한 정부를 흠모하게 했다.

이에 반해 제퍼슨을 중심으로 똘똘 뭉친 자유주의자들은 개인의 권리를 보호해주지 않는 정부는 그 존재 이유가 없다고 반박했다. 그리고 세계 역사의 발자취를 볼 때 강력한 정부는 개인의 권리와 존엄성을 해치도록 귀결되며 독재정부를 배태시켰다고 우려했다. 현재까지 이런 이분법적 정치철학은 면면히 이어져 내려와서 해밀턴은 공화당의 원조가 되고 제퍼슨은 민주당의 원조가 되어 미국 정치철학의 양대 산맥을 이룬다.

시민 불복종 원리

개인주의 코드에서 또 하나 꼭 기억해야 될 인물은 1846년 멕시코 전쟁이 발발되었을 때 자연 속에 묻혀 살던 문필가 소로우(Henry David Thoreau)다. 그는 납세 거부를 했는데, 그 이유는 그가 낸 세금이 미국이 부도덕하게 일으킨 멕시코와의 전쟁에 쓰여지는 것을 반대했기 때문이었다. 그 전쟁은 팽창주의자였던 제임스 포크(James Polk) 대통령이 멕시코인들이 미국의 영토를 침범했다고 의회를 오도함으로써 시작됐다. 이 전쟁으로 미국은 현재의 서남부의 광대한 영토를 획득했다. 소로우는 납세를 거부하는 그의 입장을 『시민 불복종 원리』라는 에세이에서 밝혔는데, 이것은 '다수의 횡포'로 타락할 수 있는 민주주의의 위험성을 바로 잡기 위해 '개인주의'라는 처방을 내린 토크빌의 주장을 실천에 옮긴 것이나 다름없다. 소로우의 시민 불복종은 다수결의 원리 이상으로 민주주의를 한 단계 더 발전시킨 사건으로 기록된다. 미국에서 개인의 견해는 진실이 항상 숫자적으로만 존재하는 것은 아니라는 가정하에 존중된다.

미국인의 원초적 생존 방식 – 자유의 예찬

미국인들은 때로 개인적 자유를 지나칠 정도로 존경한다. 코미디 영화에서도 무엇인가 우스꽝스러운 일이 일어나면, "This is America"라는 말이 흔히 등장한다. 물론 그것은 과장된 표현에 불과하지만, 그래도 미국에서는 무엇이든지 할 수 있고, 말할 수 있고, 일어날 수 있다는 가정을 내포한다. 아이들도 대학 진학부터는 독립적으로 자유를 구가하며 살고 싶어한다. 그리하여 동부에서 살던 아이들은 서부의 학교로, 서부의 아이들은 동부로, 될 수 있으면 부모와 멀리 떨어져 살려고 하는 욕구가 강하다. 결혼을 할 때도 상당히 자유롭게 상대방을 구한다. 미국 부모들은 우리 나라 부모들같이 자기 자식보다 더 나은 상품을 구하려고 재보고, 거절하고, 분노하고, 마음 졸이다가, 결국 마음을 비우고 평가절하해서 혼사를 성사시키는 고통을 전혀 모를 것이다. 그들은 그런 문제는 각기 자식들에게 맡겨 놓고 편안한 마음으로 산다. 크리스천들이 인연의 소치를 더 잘 터득한 것일까, 아니면 주님의 뜻에 맡겨 버리는 것일까?

미국에서는 우리가 흔히 정상적이라고 여기는 궤도에서 일탈하여 행동을 하는 것도 그것이 타인에게 직접적인 피해를 주지 않으면 놔둔다. 이렇게 자유로운 분위기였기 때문에 달걀을 품고 닭이 나오는가를 실험한 이상한 아이 에디슨(Thomas Edison)도 잘 자랄 수 있었다. 100개의 이상한 행위를 관용하면 그 중 99개는 쓸모 없이 사려져 버리지만, 한 개는 창조적 에너지로 돌려져서 뜻하지 않게 사회에 이바지할 수 있는 것이다.

자유롭게 기도할 수 있다면

미국 건국신화는 메이플라워 호를 타고 종교의 자유를 찾아나선 사람들의 이야기로 시작된다. 그러므로 종교의 자유는 미국인들의 가장 기본적인 자유로서 수정헌법 제1조에 올려져 있다. 그것은 정부가 어떤 특정 종교를 옹호하거나 시민들의 자유로운 종교행위를 금지하지 않는다고 명시했다. 종교의 자유에 대한 깊은 믿음 때문에 미국은 건국 시기에 99% 이상의 시민이 개신교도였으나 개신교를 국교로 정하지 않았다.

당시 국교를 정하지 않은 것은 서구 역사상 획기적인 일이었다. 유럽에서는 한 나라의 수장이 각각 한 국가의 종교를 정하고 있었다. 말하자면, 프랑스 왕이 구교를 택하면 모든 국민이 구교도이어야 하고, 독일의 한 제후가 신교를 택하면 그곳의 영지민이 다 신교도이어야 했다. 그러나 미국에서 종교는 개인들이 스스로 정할 문제이므로 공식적 종교를 세우지 않는다는 건국 원리하에 현재까지도 어떤 공적자금도 종교단체에 지원되지 않는다.

포르노와 예수님 그림

수정헌법 제1조는 종교의 자유와 더불어 언론, 출판, 집회와 정부에 대한 청원의 자유를 보장한다. 표현의 자유에 관련되어 계속 일어나는 사회적 쟁점 중의 하나는 개인의 자유와 공공의 선(善)의 구분 선(線)을 어디에 긋느냐 하는 일이다. 표현의 자유를 둘러싸고 예술계에서는 1997년에 큰 논쟁이 일어났는데, 그것은 국립예술재단(National Endowment for Arts)이 전위적 예술가들의 작품 발표를 지원해준 것이 의회의 논쟁을 불러왔기 때문이다. 세라노(Andre Serrano)라는 사진작가는 '예수에게 오줌을 싸라(Piss Christ)'라는 제목으로 온통 붉은 바탕색 위에 십자가에 못 박힌 예수님이 오줌세례를 받는 충격적인 사진을 찍었고, 메이플스롭(Robert Maplethrope)은 동성애자로서 주로 남성 나체사진을 테마로 한 작품들을 전시했다. 그러자 이들의 전람회를 폐지하라고 요구하며 의회는 앞으로 국민의 세금으로 지원되는 예술진흥재단의 예산을 없애

버리자는 안을 내놓았다.

　문화전쟁(Culture Wars)은 이미 1990년대 초에 공립학교의 커리큘럼을 둘러싸고 달아오르기 시작했다. 대학가에서도 호머와 셰익스피어로 시작되던 고전에서 벗어나 흑인이나 동성애자 같은 주변인들의 문학을 교과과정으로 채택하는 사례가 나타나면서 정전(正典)의 논쟁이 벌어졌다. 이 논쟁은 결국 사회와 문화 전반에 걸쳐서 소수계, 동성애, 낙태 문제에서 보수와 진보의 대립을 첨예화했다. 사진전시회 문제로 또 한번 예술계에서 불거진 문화전쟁 후에도 미국의 국립예술재단과 인문학술재단(National Endowment for Humanities)은 존속했으나 예산이 엄청나게 깎여 버렸다.

　미국에서는 포르노에 대한 문제도 풀기 어려운 표현의 자유에 대한 쟁점 중의 하나이다. 법정은 포르노를 실제적으로 신체적 삽입이 이루어진 것에 대한 표현으로 정의했다. 그러므로 『플레이 보이』나 『펜트 하우스』 같은 책들이 제아무리 신체의 은밀한 부분을 노출시키거나 혼음을 연상시키는 영상을 연출해도 그것들은 트리플 엑스(xxx)로 분류되지 포르노 잡지가 아니다. 이에 따라 이런 책들은 어린이들이 지나가는 슈퍼마켓의 책 진열대 위에 버젓이 올려져 있다. 9.11 테러 이후 미국 사회는 사회의 질서를 위해 개인적 자유를 제한하는 쪽으로 이동하려는 조짐을 보인다. 그러나 이에 대한 진보와 보수진영의 논쟁 또한 계속 뜨겁다.

포기할 수 없는 총과 미란다 경고

수정헌법 제2조에서 민병대(자발적으로 향토를 지키는 시민군)는 국가의 안전에 필요하므로 미국시민은 무기를 소유할 권리를 침해당하지 않는다고 명시하고 있다. 이에 따라 미국에서 거듭되는 총기사고에도 불구하고, 총을 소유하는 자유를 막는 것은 아주 힘들다. 미국의 농촌은 넓은 농장 안에 집 한 채가 덩그러니 들어앉아 있고, 우리의 농촌같이 집들이 개울 앞에 다닥다닥 붙어 있고 마을의 경작지가 개울 너머 저쪽에 한데 모여 있지 않다. 말하자면 미국의 농장은 모두 외딴 집이라고 생각해도 된다. 그러므로 경찰이 가깝게 상존하여 치안 유지가 잘 되는 도시에서는 총기휴대를 금지하라고 아우성이지만, 외딴 집이 띄엄띄엄 있는 농촌의 주거형태에서 미국인들은 자기방어의 차원에서 무기 휴대를 절대 포기하려 들지 않는다. 이런 주거환경은 미국인의 독립성과 자주성을 길러주었다. 1세기 전까지만 해도 미국인 대부분은 이런 농촌에서 살고 있었다. 그래서 총기 문제는 각 지역에 맡겨져 있고, 미국 전역에 획일적인 규정은 없다.

미란다 케이스는 시민의 묵비권을 보장하고, 법률의 정당한 절차 없이 자유를 박탈하지 않는다는 수정헌법 제5조에 의거한다. 청년 미란다(Ernesto Miranda)는 어린이를 납치 강간한 케이스로 1966년에 체포되어 심문받았다. 심문받은 지 두 시간 만에 그는 자신의 범행을 자백했다. 그러나 그가 심문받을 당시 변호인의 도움을 받지 못했다는 점이 재판에서 불거져 나왔다. 이에 따라 그것은 억압적인 분위기에서 진행된 심문으로, 법집행의 정당한 절차가 결여됐다는 이유로 미란다에 대한 범죄 혐의가 취소됐다. 이 사건 이후 '미란다 경고'라는 것이 세워졌고, 우리는 흔히 폭력 영화에서 경찰이 체포 직전에 재빨리 "당신이 한 어떠한 말이라도 자신에게 불리한 증언으로 쓰일 수 있으므로, 당신은 묵비권을 행사할 권리가 있고 ……당신은 심문받을 때 변호사의 도움을 받을 권리가 있으며……"라는 말을 내뱉는 것을 볼 수 있다. 미란다 경고에 대해 경찰이나 FBI는 어렵게 범죄혐의자를 체포하여도 법정은 정당한 절차가 결여됐다고 혐의자를 풀어주기가 일쑤라고 투덜댄다. 이런 비판에도 불구하고 미란다 원리는 미국에서 확실히 뿌리내렸고, 이제는 우리 나라에서도 확산되어가고 있다.

자유시장 경제의 논리

자유시장 원리는 미국 경제의 초석이다. 자유경쟁의 관념은 경제 부문뿐 아니라 미국인들의 생활의 많은 부분을 파고들어 있다. 여기에는 '기회 균등'이라는 미국식 평등주의의 관념이 기초가 되는데, 이것은 사회주의가 지향하는 '소득의 균등'과는 틀리다. 미국에서 사회복지제도는 유럽의 경우보다 덜 발달됐다. 그러나 미국이 현재 지향하는 자본주의는 냉전시대에 소련이 무차별적인 언어로 공격하던 그런 고전적 자본주의와는 그 모습이 많이 틀리다. 그것은 복지 지향적 자본주의라고 할 수 있다. 미국에서 전문대학교까지는 교육비가 무료이며, 노인과 홀부모하의 어린이는 최저생계비를 보장받는다. 이런 복지적 자본주의는 경제대공황을 맞아 1930년대에 뉴딜 정책을 수립하면서 자유경쟁(*Lasse Faire*)을 굳게 믿던 미국인들의 경제관이 변모한 데서부터 시작됐다. 그 후 복지 분야의 기본 틀은 계속 확대되다가, 80년대부터 보수회귀로 돌면서 지나친 복지를 걷어내자는 시각이 대두됐고, 드디어 클린턴 행정부에 이르러서 홀부모 아동 양육보조금 같은 정부지원을 처음으로 삭감했다.

애초부터 미국은 기업으로 시작된 나라였다. 스페인 제국이 이민사업을 정부 주도로 기획한 것과는 달리 영국에서는 그것을 개인이나 사기업에게 나누어주고 그들로 하여금 자유로이 식민지 개발을 유도하게 했다. 일단 탐험가들이 어떤 땅에 대해서 영국 왕의 영유권을 주장해 버리면, 왕은 개인이나 집단에게 특허장으로 왕령 토지를 갈라주면서 식민지 개발권을 위임했다. 어떠한 성격의 수혜자에게 특허가 주어지든 왕은 식민지 총수익의 5%를 거두어 들일 뿐, 그 수익을 어떻게 창출할 것인가는 전적으로 식민지 경영자들에게 맡겨졌었다.

스페인의 식민지 경영은 스페인 왕이 귀족들에게 식민지를 영지로 주고 군대를 이끌어 원주민을 정복하고 그들을 광산이나 농업의 수익사업에 투여했다. 아메리카의 뉴스페인 제국의 경영에는 스페인 국왕과 교황도 긴밀하게 간섭했다. 콘키스타

도르 대부분도 신세계에서 전리품으로 일확천금을 얻어 귀국하려 하는 마인드를 갖고 있었다. 그러나 거대한 아메리카 대륙으로 진입하자 대서양을 건너 다시 귀국하기에는 여러 가지 어려움이 따랐고, 젊은 혈기에 홀로 아메리카로 간 군인들은 현실적 필요에서 현지의 원주민여성과 결합하게 되고, 바로 이런 이유에서 남아메리카에는 원주민과 백인의 혼혈이 많이 생기게 됐다.

그러나 영국의 식민지개발회사는 거의 초기부터 여성들도 유입시켜 가정을 단위로 하는 정착식민지를 개발했다. 정착지가 요구되는 이상 그들은 땅이 필요했고 가족 단위의 이민은 원주민여성도 필요로 하지 않았다. 이에 따라 결국 원주민은 그들의 땅에서 내몰렸고 멸종 위기에 처한 지가 오래된다. 그리고 미국 남부에서처럼 식민지인들은 금을 찾다 실패하고, 은을 찾다 실패하자 조선업 원자재로 주력상품을 개발하였고, 그것도 모자라 담배농사, 쪽농사, 면화농사를 차례로 개발하며 그들의 풍토에 맞는 경제활동을 창출해갔다. 결국 절박한 상황에서 영국의 식민지 경영인들은 시행착오를 거듭하면서 자유롭게 식민지 경영의 기획 중추가 되었다.

현재 미국 문화를 상징하는 여러 가지 존재들, 할리우드, 맥도날드, 코카콜라, 뉴욕 양키즈, 빌보드 차트, 디즈니랜드, 퓰리처상, CNN 뉴스, 인터넷 등은 거대 기업의 생산물이다. 미국을 상징하는 것들은 꿈과 오락, 스포츠, 지식, 언론 등 모든 것을 기업의 거대한 구조물 속에 용해시킨다. 미국 문화는 유럽의 문화를 딛고 20세기부터 꽃피기 시작했고, 21세기에는 세계를 지배하고 있다. 미국 문화가 꽃필 때 세계는 현대 산업 사회의 시대에 진입해 있었기에 이런 시대적 배경은 미국에서 이루어진 문화를 현대 자본주의의 틀 안에서 생성할 수밖에 없었다. 그리하여 미국을 상징하는 문화는 확실한 자유경쟁의 시장원리 안에서 새로운 아이디어를 담아 대중적 구매고객을 확보하는 현대기업을 모태로 하고 나타났다.

귀족들만의 전유물이었던 자동차의 가격을 파격적으로 인하하여 20세기 초부터 마이카 시대를 연 포드 자동차가 그랬고, 공황으로 모든 사람들이 주눅들어 있을 때, 1달러로 영화관을 찾아가 프레드 아스티어(Fred Astair)와 진저 로저스(Ginger Rogers)의 황홀한 볼룸 댄싱을 보며 시름을 잊게 했던 할리우드의 영화가 그랬다. 또 그때 값비싼 시가보다는 한 모금에 한숨을 가볍게 실어 나를 수 있는 저렴한 시가렛을 새롭게 생산하던 회사들이 그랬다.

미국의 기업은 거대한 규모를 자랑하는 대기업들이 많다. 이 중 많은 기업들이 1세기 이전에 세워졌지만, 한편으로는 조그만 벤처로 시작했다가 세계를 제패한 마이크로 소프트 같은 최근의 정보통신기업도 있다. 이렇게 미국에는 자유경쟁의 논리가 아직도 힘차게 숨쉬고 있다. 무수한 대기업들이 형성되는 과정도 우리 나라나 일본식 또는 예전의 독일식같이 정부주도하에서 이루어지지 않았고, 철저한 자유경쟁의 결과로 이루어진 것이다.

보통 사람의 나라 - 평등주의

미국 사회에서는 귀족적인 체하는 사람은 환영받지 못한다. 아마 대부분 미국인이 요즈음 우리 나라 중산층이 우아한 생활양식을 과시하기 위해 유명 메이커 용품의 구매나 골프치기, 아니면 일류학교 입학에 전념하는 것을 보면 의아해 할 것이다. 한국에서 축에 끼기 위해 갖추어야 하는 메이커 같은 것은 보통 미국의 주류적 사회에서 격리된 한국인 집단에서만 알아주는 것이 많으며, 미국으로 골프 여행을 해도 한국인끼리만 어울린다. 미국인들과 인간적 교류의 공감대를 이루어내는 것은 과시적 소비행태보다는 상대방에게 "나는 사회적 의식이 있고 질서를 존중하는 보통 사람이다"라는 이미지이다.

미국도 1세기 전 산업사회로 변신할 때는 과소비 열풍이 휩

쓸고 지나간 적이 있었다. 소위 도금시대라고 불리던 19세기 말에는 신흥부자들이 강아지를 갖가지로 치장하고 안심스테이크를 제공하는 개파티를 열기도 하고, 사람을 위한 파티에서는 초대손님의 냅킨에다 고액권 지폐를 넣어 뿌리며 재력을 과시하기도 했었다. 그리고 한때는 미국의 신흥부자가 영국의 몰락 귀족과 정략결혼을 하는 것이 유행하기도 했었다. 그러나 그것은 우리가 정조대왕의 치하에 있거나 갑오개혁을 할 때쯤의 이야기이다.

미국인의 소비 패턴

한국 백화점의 명품관에 진열되어 있는 상품들은 거의 전부가 유럽산이다. 미국에는 고가의 제품을 만드는 크리스천 디오르, 베르사체, 구치, 에이그너, 입생로랑 같은 디자이너들이 없다. 미국의 대표적인 디자이너 상품은 유럽의 것에 비하면 거의 중저가라고 할 만한 캘빈 클라인이나 랄프 로렌 같은 것들이다.

왜 미국에 고가의 제품이 생산이 되지 않느냐 하면, 미국인들이 그런 것을 안 사기 때문이다. 요즈음의 고가제품은 옛날 귀족들이 사용하던 물품의 품격을 화폐로 파는 것이다. 고가의 디자이너들은 바로 이런 이미지를 판매 타깃으로 삼는다. 그러나 이런 판촉 작전이 미국에는 안 먹어 들어간다. 호화 사치품에 연연해하지 않는 성향은 예로부터 미국인들은 귀족들이 지배하던 계급적인 유럽사회를 부패한 구세계로 보았고, 자기들은 타락한 구세계를 떠나 신세계로 이주해서 계급적 갈등이 없는 더 좋은 사회를 세운다는 자긍심이 있었기 때문이다. 물론 몇몇 갑부나 할리우드 스타들은 유럽의 명품을 사용하겠으나, 미국인 대다수는 그런 것에 개의치 않는다. 그들은 귀족같이 호화스럽게 뽐내는 생활에 목말라하지 않는다. 갈망하지 않으니까 다른 사람이 과소비를 한다고 성토할 이유도 없다.

KOTRA가 미국의 한 조사기관이 2002년에 내어놓은 자료에 의거해서 미국의 소비 패턴을 분석한 것에 의하면, 미국의 주력 소비계층은 연간소득이 3만 5천-7만 5천 달러가 되는 중산층으로서 미국 전체 소비자의 70%를 차지한다. 이들의 소비성향은 미국 소비자의 전형적인 구매특성을 보유하는데, 그것은 합리적이고 검소하며, 고품질 저가격을 요구한다고 한다. 나머지 30% 중에서 2%의 소비는 소득 3만 5천 달러 이하의 빈곤층의 몫이고, 그 나머지는 7만 5천-10만 달러 소득의 부유층이나 10만 달러 이상의 최상류층이 차지한다.

물론 미국의 고가품시장은 그 규모가 세계에서 제일 크다. 그러나 그것은 워낙 미국의 구매력이 엄청나기 때문이며, 국내 총 판매의 퍼센티지로 보면 그리 높지 않다. 미국은 세계 경제의 중심지이고 세계의 부자들은 뉴욕에 콘도 하나씩은 갖고 있기에, 그 도시는 고급 물류가 집적되는 곳이다. 그러나 여기에서 살펴보고자 하는 것은 미국인 대다수의 의식과 행위에 관한 것이다. 뉴욕은 미국을 상징하는 도시임에는 틀림이 없으나, 주민의 반 이상이 외국출생자이다. 바로 이 점에서 뉴욕의 번화가를 미국 소비행위의 표준으로 볼 수는 없다. 미국에서 TV 앵커가 훈련받는 표준영어발음도 뉴욕이나 워싱턴 디시의 것이 아니다. 그것은 인구가 희박한 중서부의 영어다.

보통 선거는 미국에서부터

미국인들이 사는 방식에는 물론 유럽과 공유하는 부분들도 많지만, 다양한 사람들이 광대한 땅을 개척해가며 살아 온 특이한 환경은 미국인의 독특한 기질을 형성했다. 국가 건설 당시, 미국인들에게는 유럽에서 가져온 문화유산인 귀족주의가 우세했다. 그러나 독립혁명과 서부개척의 과정을 통하여 미국인들은 점점 더 민주적으로 되어갔다. 그 결과 그들은 1828년에는 남자보통선거를 실시했다. 이것은 역사적으로 획을 긋는 일로서 서유럽보다 수십 년 더 빨랐다.

보통 선거를 실시했다는 것은 미국이 보통 사람들의 정치적 변별능력을 일찍이 인정했다는 것을 말해준다. 건국 당시에는 미국에서도 민주주의는 과격하고 위험한 정치사상이라고 여겨졌다. 그래서 공화주의를 채택했는데, 그것은 귀족주의에 반대되는 의미로서 혈통에 의한 지배가 아니라 시민의 정치 참여에 의한 정부를 의미한다. 공화주의의 기본 원리는 제한선거로서 책임감 있는 시민에게만 참정권을 준다는 것이다. 이에 따라 건국 당시에는 자신의 집과 상점이나, 160에이커(20만 평)의 땅을 소유하며, 자신의 가족과 고용인의 생계를 책임질 수 있는 남성자산가들에게만 투표권이 부여됐다. 이런 기준을 현재 우리 나라에 적용해보자면, 전세들어 살고 있는 서울 시민의 2/3가 투표권이 없다는 말이 된다. 이렇게 민주화와 민주화 이전의 사회경영방식은 그 차이가 엄청나다. 그 차이는 보통 사람의 사회관리능력과 책임감을 믿느냐 아니냐에 있다.

보통 사람의 기수, 잭슨

미국에서 민주화에 리더십을 발휘했던 인물은 제7대 대통령, 앤드류 잭슨(Andrew Jackson)이었다. 그는 서부의 사나이로서 '보통 사람'을 대표했다. 그 이전의 6대 대통령들은 Virginian Dynasty라고 불리거나 부자지간에 대통령을 배출한 매사추세츠의 명문가 출신이었다. 그러나 잭슨은 친척집에서 더부살이를 하다가 테네시에 정착한 사람으로 자수성가하여 민병대장, 변호사를 거쳐 결국 1828년 남자보통선거로 실시된 대선을 통해 대통령직에 오른다. 사실 미국에서는 이보다 이삼십 년 전부터 이미 여러 주에서 보통선거제도를 실시했다. 1828년은 최종적으로 불평등적 투표제도를 고수하던 마지막 주가 사라진 해로서 이 해를 미국에서 보통선거제도가 수립된 해로 잡는다.

그러나 당시 흑인이나 원주민 그리고 여성들이 모두 투표권 행사를 할 수 있었던 것은 아니다. 곧 이어 여성참정권운동도 시작됐으나 1세기 후인 1920년이 되어서야 여성에게 투표권이 부여됐고, 게다가 흑인들이 겁먹지 않고 투표할 수 있게 되기까지는 거기에서 반 세기가 더 흘러야 했다. 그래도 여성이나 소수계에게 투표권을 부여한 것은 지구상의 다른 어느 나라보다 미국이 훨씬 앞섰다.

잭슨이 민주주의의 영웅이 된 것은 그가 테네시 주의 민병대장으로 임명되어 현재 미시시피 지방에 있었던 서플로리다로 원주민 토벌작전을 하러 갔을 때의 에피소드에서 비롯된다. 당시 잭슨은 그곳에서 캠프를 치고 접전의 날을 기다리던 중 몬로 대통령으로부터 민병대의 중도해산명령을 받았다. 그것은 귀향을 위한 정부의 재정지원도 없고, 뿔뿔이 흩어져가는 병사들에게는 원주민의 급습으로 위험이 도사리고 있다는 것을 의미했다. 이에 잭슨은 대통령의 명에 불복하면서 민병대장의 소임을 다하고자, 민병대원 전원을 자비를 들여가면서 어렵게 이끌고 무사히 귀향했다. 그가 귀향하자 잭슨은 테네시의 영웅으로 우뚝 솟았고, 결국 그는 보통 사람의 대변인이 됐다. 현재는 그가 원주민을 토벌하여 그들을 '눈물의 오솔길'을 따라 서부로 내몬 장본인이라는 따가운 비판도 받지만, 아무튼 그는 동부의 기존 세력에 저항한 서부의 리더였다.

그러나 잭슨의 이미지는 단지 서부뿐이 아니라 미국인을 대변한다고 할 수 있다. 건국 때부터 미국에서 대통령은 'Mr. President' 이상이 아니었다. 호프스테드는 미국 사회의 특징으로 상하계층 간에 권력의 거리차(power distance)가 작은 것을 지적했다. 잭슨 이후에는 어떠한 대통령 후보도, 비록 그의 성장배경이 귀족적이라도, 선거 캠페인 때만이라도 '보통 사람'을 표방하였는데, 그것은 미국적 국민감정에 모든 사람은 동등하다는 평등사상이 배어 있기 때문이다. 보통 사람의 이미지는 현재 부시 대통령의 모습에서도 찾아볼 수 있다. 그의 성장기의 기억은 아마 상원의원 할아버지, 고관이었던 아버지로 채워졌을 것이다. 그러나 그의 태도와 말씨는 덥수룩하고 거친 카우보이 같은 것을 느끼게 한다. 그의 부인 또한 소박하고 시골 선생님 출신 본연의 모습을 잃지 않은 것처럼 보인다.

평등하게 열린 교육

미국에서 모든 교육의 근본은 훌륭한 시민을 키우기 위함이라는 한마디로 집약될 수 있다. 자녀 교육에서도 독립적이고 평등한 특성이 나타난다. 미국 부모들은 아이들이 대학에 들어가면, 학비는 대주지만 용돈은 벌라고 하는 절충적 방식을 취하는 경우가 많다. 물론 경우에 따라 생활비 전액을 지급하거나, 일전 한푼 안 주는 부모도 있지만, 그러나 어떠한 부모도 과도한 지출을 아이들의 교육비로 출혈하지는 않는다. 경제적 여유가 있는 사람들은 자녀를 사립학교에 보내고, 보통 중산층은 공립학교에 보낸다. 그러나 후자가 이에 대해 '부모적 자존심'이 꺾인다고 생각하는 미국인은 드물다. "나는 내 수준에 맞게끔 합리적으로 사는 사람이다"라는 자긍심이 그들을 그런 것으로 수치스러워하지 않게 만든다. 좋은 예는 한국의 이민들은 첫째 아이는 경제적 부담이 상당하더라도 아이비 리그에 보내는데, 둘째 아이부터는 주립대학을 보내는 경우가 많다. 이것은 미국적 생활방식의 지혜를 터득한 결과로 볼 수 있다.

유럽에서는 고등학교 때부터 인문계와 기술직을 구분하여, 그 두 그룹이 그 후 교육에서 서로의 전공을 도저히 넘나들 수 없게 하는 나라들이 많다. 어쩐지 귀족적 전통의 잔재랄까 비민주적 분위기가 느껴진다. 현재 이런 부분이 국가경쟁력 차원에서 문제점이 있다고 절감했던지, 연전에 성균관대학교 수립 600주년 기념식에 와서 축하연설을 한 하이델베르크 대학 총장도 미국의 교육제도를 본받아 자기들의 대학을 개선하겠다는 말을 했다.

미국은 "배우려는 사람은 다 와라"는 식의 열린교육제도를 추구한다. 대학 캠퍼스에서는 '복학생(returning students)'들이 고교 졸업 후 곧바로 대학에 계속 다니는 학생수를 능가한다. 미국은 꼭 군대에 가야 하지 않기 때문에, 이 복학생들은 사회에서 돈벌이를 하다가, 직장에서 스스로 학업이 중요한 것을 느껴서 다시 대학에 돌아온 사람들이다. 그들 중에는 직장을 다니며 매 학기 한두 과목씩만 배우며 7~8년 공부하다 졸업하는 사람들도 많다. 말하자면, 학생들은 대학교에서 파트타임으로 1학점이든 3학점이든 20학점이든 마음대로 택할 수 있다.

Community College라고 불리는 2년제 초급대학은 수업료가 없는데 이것은 그 지역의 세금으로 운영되기 때문이다. 이들이 바로 우리에게 '칼리지'라는 이름으로 잘 알려진, 미국에 연고가 있으면 영어교육차 가는 학교들이다. 여기에서는 영어의 ABC에서부터 부동산, 요리, 컴퓨터 교육까지 다양하게 가르치고, 원한다면 여기에서 딴 학점은 곧 4년제 대학으로 이전되어 정규대학에서 학업을 계속할 수 있다. 이런 초급대학은 영어를 모르는 이민 초년생에게 친절한 기회를 주어 아메리칸으로 거듭나도록 하고, 고등교육을 못 받은 자들에게 기술교육의 혜택을 주어 생업을 안정시킨다.

그래서 미국에서 대학을 안 간 사람들은 선택적으로 안 갔다고 해도 과언이 아니다. 고등학교까지는 의무교육이고, 초급대학은 무료이다. 또 군대 갔다오면 학비지원이 나오고, 주립대학은 학비가 싼 편이고, 학생들은 일하면서 한두 과목씩 자기 시간과 경제력에 맞게 등록하여 천천히 졸업해도 되기 때문이다. 그러니까, 몇 번이고 몇 학기 등록해보았다가 "나는 도저히 공부는 취미에 안 맞아"라고 포기하고 학업이 가져다주는 결과보다는 다른 분야에서 인생을 설계하려는 사람들은 대학을 끝까지 마치지 않는다.

이 정도면 미국은 교육의 기회균등이 잘 실행되고 있다고 볼 수 있지 않은가? 이렇게 자기들의 사회에서는 기회균등의 논리가 적용된다고 여기는 데서 미국 국민들은 자기 사회에 대한 계급적 불만이나 계층적 위화감이 적다. 그래서 잘사는 사람들을 보아도 계급적 착취와 불공평의 결과라기보다는 개인이 열심히 해서 성취한 대가로 보는 시각이 강하다. 우리 나라처럼 눈먼 돈이 굴러다니는 곳에서 강남에 사는 사람들을 떼도둑으로 볼 수밖에 없는 시각과는 상당히 틀리다. 미국 국민의 사회에 대한 만족도의 저변에는 평등의 논리를 강력한 재정지원으로 받쳐주는 탄탄한 교육 인프라가 있다.

미국의 수출품 No. 1 - 법치주의

    미국은 모두가 이민와서 비슷한 처지에서 새롭게 시작했다. 가지각색의 사람들이 모여 살면서 사회를 이룩하는 과정에서, 미국인들은 질서를 찾는 근거를 법률에서 구했다. 유럽인들에게는 귀족적 질서가 있고, 동양인에게는 집안과 혈통적 규범이 사회에 안정감을 가져다 주었으나, 미국인은 이런 구세계의 질서와 절연됐다. 그들은 개척생활에서 이질적이고 독립적인 개개인을 묶어놓을 수 있는 사회적 규범은 서로 합의해서 도출된 법률밖에 없다는 결론에 도달했다. 이에 따라 미국인은 일단 규율을 세우면 그것을 지키는 준법의 습관을 익혀갔다. 그 결과 고도의 법치사회를 이룩했다.

    미국의 풀뿌리 민주주의는 타운 미팅에서부터 시작했는데,

매사추세츠 식민지에서는 정착민들이 60명에 이르면 사방 36 마일(약 58㎞)의 땅을 주어 타운을 세우도록 했다. 그 타운에서 주민들은 비슷한 크기의 땅을 부여받고 마을의 중심에는 교회가 세워졌다. 그리고 주민들은 이 교회에 모여 마을의 관심사들을 논하고 규율을 세웠다. 참여민주주의의 과정은 서부로 이주하는 포장마차의 대열에서도 나타났다. 정부의 공식적 치안 기구가 없던 서부로의 행렬에서 승객들은 함께 참여하여 규율을 정하며 이주 과정의 질서를 유지했다. 미국 문화를 미식축구가 상징하는 여러 가지 요소로 묘사한 개논(Martin Gannon) 역시 이렇게 지역사회 개선을 위해 시민들이 자발적으로 사회 운영에 참여하는 과정에 이질적인 사람들이 집단을 향해 스스로 응집하는 메커니즘이 있다고 보았다. 그리고 그 응집력의 구심점에는 그들 스스로가 함께 세운 규율, 즉 법이 있었다.

개개인의 라이프 스타일은 자유분방하되, 그들의 사회적 행위는 법을 지킨다는 것이 미국인의 기본적 삶의 태도이다. 그리하여 사람들은 탈세를 하는 사람을 흉악범을 보듯이 하며 공무원들이 50달러 이상의 선물을 받았을 경우에는 공공기관에 기부해야 한다. 이에 따라 우리 나라의 부패지수는 사회의 모든 부문에 스며있는 편법 때문에 미국인의 안목에서는 아주 높게 기록되어 있다. 초등학교에서부터 교사에게 건네는 촌지에 익숙해진 우리는 조금 과장한다면 요람에서부터 무덤에 이르기까지 부패에 익숙해있다. 병원의 누구라도 알아야 출생시에 입원실을 잘 잡을 수 있고, 마찬가지로 죽을 때도 영안실 잡기가 쉬운 일이 아니다. 그리고 이 두 시점의 중간 부분에서는 적당히 편법과 타협하면서 산다. 그러므로 국민의 가장 기본적 의무인 병역을 미필하거나 주민등록 기록사기를 조장하는 부모들도 낯붉히지 않고 당당히 대통령이나 총리 후보로 나올 수 있고 또 국민들도 그것을 눈감아 준다.

미국 부모들은 자녀들이 15세쯤 되어 자동차 면허증을 따게 되면 경찰에게 절대복종하라는 것부터 가르친다. 무기 휴대가 허용된 나라이기 때문에 경찰이 과속한 차를 세울 때 그 안에 탑승한 자가 중무장한 흉악범인지 아닌지 알 길이 없다. 경찰도 두렵기에 그래서 조금만 과속하는 운전자를 검거할 때에도 두 대의 경찰차가 와서 중무장한 네 명의 경관이 동시에 검거한다. 이런 정황에 면허증을 제시하지 않고 우리 식으로 집에 면허증을 두고 왔다는 둥, 내가 언제 과속을 했느냐는 둥 경찰에게 시비를 걸면 강력범으로 오인받아 금방 체포, 연행된다. 법치사회인 미국은 법과 질서의 집행자인 경찰에게 비록 급여를 많이 주지는 않을지언정, 대단한 권위를 준다.

로스앤젤레스 폭동

1992년에 일어난 로스앤젤레스의 폭동도 사실은 과속으로 달리던 차가 그것을 세운 교통경찰의 말에 순응하지 않고 뺑소니로 달아나 버리려던 것에서 비롯됐다. 로드니 킹(Rodney King)은 몇 차례 경범의 전과로 가택연금된 상태였다. 그러나 그는 외출을 했고 고속도로 상에서 경찰이 과속으로 차를 세우려 하자, 더욱 세차게 차를 몰았다. 15분간의 추적 끝에 열

대의 경찰차가 그의 차 뒤를 따르고 그 위에는 교통정비용 헬리콥터마저 떴다. 때마침 그 날, 한 주민이 2층 베란다에서 새로 산 캠코더로 이것저것 풍경을 찍고 있었다. 드디어 경찰들은 킹의 차를 세웠고, 화가 머리끝까지 치밀어 올라 경찰 네 명이 곤봉과 발길로 그를 구타하기 시작했다. 이런 상황이 고스란히 캠코더에 담겼고, 이틀 후 네트워크를 통해 전국에 방영된다. 그리고 흑인들은 분노했다.

몇 달 후, 아직도 그들의 분노가 가시기 전에 한국인 식품점에서 물건을 훔치려 했던 15세의 흑인 소녀가 여주인이 쏜 권총에 사망한 사건이 터졌다. 그러나 주인은 정당방위로 무죄판결을 받았다. 이에 대해 흑인의 분노는 다시금 끓어올랐다. 시일이 지나 킹을 구타하던 네 명의 경찰은 재판을 받았으나 그들도 배심원판결에서 무죄판결을 받았다. 그러자 법정을 불신해 왔던 흑인들의 분노는 드디어 폭발했다. 그들은 한인 가게들을 파괴하여 물건을 약탈했고 53명의 사망자와 10억 달러의 재산피해를 냈다. 그리고 킹의 변호사는 그의 피해보상으로 5,600만 달러의 배상금을 로스앤젤레스 경찰서에 요구했다. 금액은 경찰이 킹에게 구타를 한 대 가할 때마다 백만 달러씩을 합산한 것이다. 이런 일은 고속주행에서 일어난 최악의 경우이다. 그러나 이런 일이 일어나지 않도록 미국의 부모들은 아이들에게 경찰에게 절대 복종할 것을 일찍부터 가르친다.

전임 대통령 클린턴과 르윈스키의 스캔들이 심각한 문제로 비화한 것에 대해 아시아는 물론 유럽인들도 "남녀 간의 사적인 문제를 두고 왜 이렇게 떠들썩한가"라고 의아하게 여기는 사람들이 꽤 많았다. 그러나 그것은 대통령이 법을 어기고도 은폐하려 한다는 데 대한 국민들의 분노가 표출된 것이었다. 그가 탄핵기소된 주 죄목은 위증과 법집행방해였다. 미국인들의 준법적 전통은 스스로 세운 법률과 규정을 지키기 위해 서로가 부패를 저지르는지를 엄격하게 감시하면서 민주적 질서를 지켜나간다. 그들은 누구든 간에 법을 어기는 자를 자기 자신이 속한 시민 사회와 자신이 참여해서 만든 규율을 파괴할 수 있는 위협적인 인물로 간주한다.

영원한 헌법

미국에서 수출을 가장 많이 한 품목은 햄버거도 아니고 청바지도 아니다. 또 혹자는 할리우드 영화나 컴퓨터 소프트웨어, 군사 무기 등을 떠올릴지도 모르나 세계에 영향을 가장 많이 미치고 지속적으로 수출되는 품목은 미국의 헌법이다. 미국의 헌법은 제1, 2차세계대전 후 우후죽순처럼 생겨나는 독립 국가들―우리 나라도 그 중의 하나이다―에게, 1960년대에는 아프리카의 신생국들에게, 또 소련의 붕괴에 동구 국가들의 분리 독립이 잇달아 이루어지면서 국가 건설의 모델로서 지속적으로 수출되어 왔다.

미국헌법은 제정된 후 한 번도 폐기처분되지 않았다. 이 점이 세계에서 드문 예를 보여 준다고 하겠다. 우리 나라나 프랑스를 생각해보면 그 차이를 잘 알 수 있을 것이다. 대개 헌법이 새로 제정되면 우리는 그것을 제1공화국, 제2공화국, 제

3……, 이렇게 부르고 있는데, 프랑스나 우리의 정부는 헌법을 만들어 쓰다가 폐기하기를 반복하면서 고령의 공화국 숫자를 기록했다. 이런 관점에서 보면 미국은 계속적으로 제1공화국이라 할까? 이렇게 한번 세운 헌법을 200년이 넘도록 고스란히 사용하고 있는 것에서 미국인들이 법을 한번 세우면 그것을 신성시하면서 지키려고 노력하는 자세가 나타난다.

그러면 어떤 점이 미국 헌법을 세계의 모델로 만들었는가? 첫째 그것은 전문 7조밖에 안 되며 몇 쪽에 불과한 짧은 문서이다. 수정조항은 앞서 말한 권리장전 10조를 포함해서 지금까지 26개의 조항으로 보강되었을 뿐이며 제일 마지막의 것은 33년 전에 투표연령을 18세로 통일시킨 조항이다. 건국조부들은 헌법에서 공화정과 연방제를 추구한다는 기본 골격만을 정해놓았다. 그들은 나머지 세부사항에 대해서는 후손에게 맡겨놓는 현명함을 보였다. 이에 따라 변해가는 사회환경에서도 미국의 헌법은 아직도 유연하게 국가 운용의 기본틀을 제공하고, 국민이 자신의 권리를 외칠 때 의존할 수 있는 최후의 보루로서 변함없는 역할을 하고 있다.

가장 존경받는 자, 대법원 판사

미국 사회에서 가장 존경받는 직업은 대법원판사다. 그들은 종신직을 누리면서 정권교체와 상관없이 민심을 읽고 국민의 양심을 대변하며 여론을 리드한다. 독자들도 2000년도 대선

때 플로리다에서 부시와 고어의 개표에 문제가 있었던 것을 기억할 것이다. 공화·민주 양당은 격돌했다. 그러나 대법원에서 마지막 판결을 내리자 신기하리만치 말끔히 수그러들었다. 이것은 미국인이 갖고 있는 법정에 대한 경외심 때문이다.

한 예로, 제27대 대통령 태프트(William Howard Taft)는 등을 떠밀리다 시피하며 마지못해 공화당의 지명을 수락하여 대통령이 되었으나, 그 임기를 마친 지 8년이 지나 드디어 그의 꿈이었던 대법원장직에 올랐다. 종신직인 만큼 대법원 판사들은 대개 재임기간이 길다. 현재의 렌퀴스트(William H. Rehnquist) 대법원장은 79세의 고령으로 18년째 직무수행을 하고 있으며, 바로 그 전의 버거(Warren B. Burger)도 17년 동안 재임했다. 젊고 활력이 가득 찬 나라 미국에서 사회적, 정치적 쟁점들을 일단 종결하고 정답을 내리는 곳은 이런 원로 판사들로 꽉 차 있는 대법원이다. 미국은 실험정신의 첨두에 서서 젊은이들이 새로운 삶의 방식을 제시하지만, 다른 한편으로는 이렇게 원로들의 판단을 차분하게 수용하는 양면성을 갖고 있다.

아이젠하워 시대에 워런(Earl Warren)이 이끄는 대법원은 브라운 케이스(*Brown et al.* v. *Board of Education of Topeka et al.*)로 인종 문제에서 획을 그었다. 이것은 공립학교에서 흑백분리제도가 위헌이라는 판결을 내림으로써, 1세기 동안 자행되던 인종주의를 종식시키는 첫발을 내딛은 판결이었다. 대법원장에 임명되기 전에 워런은 보수주의적 캘리포니아 주지사였다. 그러나 대법원장에 임명되자 시대적 요청을 파악하고 인종문제에서 진보적으로 선회해서, 대통령과 함께 지도력을 십분 발휘하여 민권운동을 지지하는 방향으로 나아갔다. 우리의 대법원장이나 검찰총장 헌법재판소장은— 미국에서 이 세 가지 임무는 대법원장에게 다 맡겨진다— 종신직이기는커녕, 정권이 바뀔 때마다 두세 번 바뀌니까 사법권의 독립 같은 것은 꿈같은 이야기이다.

미국은 시민들이 법과 친한 나라로 두당 변호사 수가 세계에서 제일 많다. 그들은 사소한 일로도 법원의 문을 잘 두드린다. 이에 대해 주한 미국상공회의소 명예회장인 제프리 존스(Jeffrey D. Jones)는 미국사람들은 재판하러 가자면 신나서 한판 붙어보자고 응수한다고 유머러스하게 말했다. 대개의 주들에서는 12세 이하의 어린이를 집에 홀로 두고 외출하거나 차에 홀로 남겨 두는 행위도 위법이다. 이웃이나 지나가는 행인이 그것을 보면 아동의 권리를 보호하기 위해 경찰에 즉각 신고하고, 보호자는 아동학대죄로 몇 달 동안 고액의 수업료를 내며 공교육을 받아야 된다.

멜팅 포트를 넘어 샐러드 보울로 ─ 다문화주의

미국에서는 원주민을 제외하고는 모두 다 이민들의 후예이다. 그리고 이민의 역사에서 흔히 제외되어 온 흑인들도 결국 강요된 이민으로 그들의 삶을 시작했다. 미국인의 조상들은 모두가 구대륙의 터전에서 뿌리가 뽑혀져서 신대륙으로 온 사람들이었다. 또 이미 정착했었던 사람들도 다시 서부로 이사 가서 새로운 삶을 개척했다. 한편, 미국인들은 비록 새로운 곳에서 새로운 삶을 시작했지만 그들이 살아 왔던 문화적 전통의 많은 부분을 함께 지니고 와서 정착생활에 유익하게 활용하였으며, 그 결과 미국은 세계 여러 곳의 문화와 생존의 방식이 어우러져 더불어 사는 지혜를 도출해내는 다문화적 장소가 됐다.

우리는 처음부터 달랐어요

물론 미국에는 단순히 경제적 향상을 위해 이민 오는 사람들도 많았으나, 유럽에서 종교적 정치적 갈등이 심화되면 세를 잃은 무리가 대거 피난하는 곳이 아메리카 식민지였다. 영국에서는 16세기 후반에 성공회를 국교로 새로 세운 후 국교, 가톨릭, 청교도가 삼파전으로 대립했었는데, 한 종파가 권력을 잡아 다른 교파가 박해를 받게 되면, 박해를 받은 자들은 아메리카로 피난왔다. 청교도가 박해받자 뉴잉글랜드 식민지를 세웠고, 메릴랜드는 가톨릭 교도의 피난처로, 또 신흥종교였던 퀘이커 교도들은 펜실베이니아로 이주했다. 피난처로서의 미국의 전통은 지금도 면면히 이어져서, 어떤 나라에서 전쟁이나 내란이 발생하면 그곳의 주민들에게 난민의 지위를 부여하며 이민의 문을 대폭 열어준다.

이 외에도 식민지들은 다양한 목적과 경로로 정착하여 여러 국민들이 아메리카 대륙에서 살게 됐다. 뉴욕은 네덜란드가 이미 개척한 뉴암스텔담을 영국이 전쟁으로 빼앗았고, 뉴저지와 델라웨어에는 스웨덴과 덴마크인들이 살았으나 점차 영국식민지가 됐다. 조지아는 모범죄수들을 아메리카의 식민사업에 투입시키려고 생긴 식민지였으며, 버지니아나 캐롤라이나에는 귀족집안의 2세들이 많이 이주하여 식민지 경영의 리더가 됐다. 영국에서는 당시 장자상속제를 실시했는데, 이것은 큰아들이 아버지의 귀족신분과 작위수여시에 받았던 영지를 물려받는 것이다. 나머지 자식은 평민의 신분으로 전락하고 그 영지 이외의 재산만 물려받을 수 있었다. 이에 따라 유산상속이 미미했던 나머지 아들들이 아버지가 투자했지만 정체를 잘 알 수 없었던 신대륙의 토지에 와서 자신의 운명을 걸고 개척생활을 하면서 식민지 지도층의 주체를 이루었다.

건국 당시 13개 식민지들의 경제적 여건도 판이했다. 온난하고 비옥한 남부는 노예들을 부리며 수출 위주의 대규모 농장농업으로 나아갔고, 춥고 척박한 북부는 어업과 무역업, 조선업을 생업으로 삼았다. 이렇게 식민지 주민들은 애초부터 종교적 경제적 여건이나 국적이 다양했다. 또 영국은 식민사업을 개인이나 사기업이 관장하도록 하였기 때문에, 그들은 국적을 불문하고 이민단을 많이 모집하려고 애썼다. 이 덕택에 비록 주류의 주민과 문화는 확실히 영국적이지만, 주민들 사이의 생활 형태에는 언제나 다양성이 존재했다. 게다가 끊임없는 이민의 유입은 이런 다양성을 강화했다.

비미국적 3차 이민의 물결?

이민은 미국 사회를 오늘날과 같이 이루는 데에 중요한 역할을 해왔다. 그러나 보다 일찍이 이민와서 탄탄하게 뿌리를 내린 영국계를 포함한 서북 유럽계는 토착세력을 이루면서 새로 오는 이민 집단을 달갑지 않게 여겼다. 19세기 중엽부터 새롭게 나타난 증기선을 타고 물밀듯이 유입되는 이민에 대하여 토박이 미국인들은 저항을 했고, 이것은 1세기 동안 이민들에 대한 박해의 역사로 나타났다. 이런 조정 국면을 거쳐 제2차세계대전을 겪은 후 20세기 중엽에 들어와서야 미국에서는 민족집단 간에 서로의 다양성과 존엄성을 인정하는 다문화주의가 뿌리내리기 시작한다. 이것은 식민지개발에서부터 3세기에 이르는 동안 영국과 서북 유럽계 문화가 미국 사회의 주류를 이루어 온 것에 대한 큰 변화였다.

이 과정을 보다 자세히 설명하면, 1846년 아일랜드에 감자의 줄기마름병으로 대기근이 유발되자 많은 사람들이 미국에 이민왔다. 이들이 이민왔을 때 동부의 쓸 만한 땅과 괜찮은 일거리는 이미 다 영국인들이 차지한 뒤였다. 그리하여 이들은 공장과 3D 직종에서 일하기 시작했다. 그들은 처음에는 보스턴에, 나중에는 뉴욕에 정착했는데, 처음으로 도시의 갱조직을 만들어 지하세계를 지배했다. 아일랜드와 영국의 관계는 마치 우리 나라와 일본같이 앙숙이었다. 영국계 토착세력은 아일랜드인들이 미국의 문화를 좀먹는다고 여기며 그들의 가톨릭 학교 수립을 방해하고 수도원에 불을 지르기도 했다.

아일랜드인들은 흑인들과도 갈등을 겪었다. 왜냐하면 남북전쟁 당시 북부에서는 300달러를 낼 수 있는 부유한 사람은 병역을 면제받았다. 가난한 아일랜드 노동자들은 그 혜택을 받지 못하고 징집됐다. 그러면 이 빈 일자리는 징집 대상이 아니었던 자유흑인으로 채워졌다. 아일랜드인들은 흑인노예를 해방하기 위해 일으킨 전쟁에서 자기들은 일자리를 잃고 전쟁

터에 나가지만, 흑인들은 일자리를 얻고 군대도 안 나간다고 분개했다. 드디어 1863년 뉴욕에서 폭동이 일어나서 아일랜드인들이 징병사무실을 부수고 흑인고아원에 불을 지르고 신문사를 습격했다. 폭동은 걷잡을 수 없이 나흘간 계속됐는데 수백 명이 죽고 수천 명이 부상당했다.

그러나 남북전쟁이 끝나고 19세기 후반기에 접어들자 새로운 이민들이 도착했다. 전쟁 전의 아일랜드인의 유입을 제1차 이민이라고 하면, 전후의 이민은 제2차 유입이라고 불린다. 그들은 이탈리아인과 유대인이 주종을 차지하였는데, 왜냐하면 당시 이탈리아는 통일의 내란을 겪고 있었고 유럽에서는 반유대주의가 팽배했기 때문이었다. 다시 한번 미국의 토착주의자들은 반발했다. 가톨릭 교단은 개신교와 같이 여러 교파로 분리되지 않고 단일교단을 유지하였으므로 그즈음 미국에서 최대의 교단으로 부상하고 있었다. 이에 따라 교황이 미국을 전복시키는 음모를 꾸민다는 루머가 퍼졌다. 1920년대에는 한동안 잠잠하던 KKK단도 다시 부활하여 가톨릭과 유대인을 비미국적이라고 몰아가며 테러 행위를 자행했다. 하버드를 포함한 많은 대학들도 유대인의 입학을 제한했다. 1929년에는 미국정부도 출신국적법(National Origins Act)을 세워서 1880년의 인구조사에 나타난 국민들의 출신 국가의 비율에 비례하여 국가별로 이민의 숫자를 할당했다. 그것은 서북 유럽계 이민에 대한 대폭적인 우대정책이었다. 1914년 한 해에만 10만 명이 들어왔던 유대인은 그 법의 수립 후 연간 1만 명으로 이민이

줄어버렸다.

미국의 유대인은 1654년에 뉴암스텔담에 처음 도착하였으며, 주로 상업에 종사하였고 유럽에서보다 차별을 덜 받았다. 그러나 두 세기가 지나 대거 이민 온 유대인들은 주로 노동에 종사하였다. 1911년 143명의 사망자를 낸 트라이앵글 셔츠 회사 화재의 희생자 대부분은 유대인 여성이었다. 이 공장의 소유주는 직공들이 도망가거나 절도를 할까봐 문을 잠가놓은 동안에 화재가 났으며, 이를 계기로 유대 여성들은 노동운동에 열성적으로 투신했고, 드디어 어린이 노동금지와 작업장 개선을 이룩해내는 데 많은 공헌을 했다. 현재 유대인은 교육수준이 높고 부유층이 많지만 기질적으로 진보적이어서 인권 문제와 복지정책을 지지하는 리버럴이다. 2000년 대선에서도 유대인의 80%는 민주당의 앨 고어를 지지했다. 그러나 대 이스라엘 정책에서는 로비를 통한 결속력을 많이 보여 준다. 지난 10년 동안 이슬람 교도도 많이 증가했지만 그 중 3분의 1만 아랍계이다. 아랍인은 20세기 초에 자동차산업과 조선소에 노동자로 미국에 오기 시작했으며, 미국에는 현재 약 1,200개의 무스크와 200개의 무슬림 학교가 있다.

미국대중들 사이에 가톨릭과 유대인에 대한 반감은 제2차 세계대전 후 격감했다. 그것은 종교를 부인하는 소련의 공산주의에 대항해서 유대-가톨릭-개신교의 종교적 연대가 맺어진 데 기인한다. 이에 따라 1960년에는 케네디가 가톨릭으로서는 처음으로 대통령에 당선됐다. 유대인이나 이탈리아인들보다 한두 세대 먼저 미국에 이민온 아일랜드계는 19세기 후반에 화이트 컬러로 진출하면서 중산층에 편입됐다. 그리고 그들이 남긴 3D 직종은 이탈리아인과 유대인들에게 전수됐다. 한동안 이 세 인종그룹이 지배하던 암흑가는 1920년대에 금주법이 세워지면서 판도가 바뀌었다. 제1차세계대전 후 보편화된 자동차와 기관총으로 무장한 새로운 유형의 갱스터가 불법주류 유통망을 장악하자 아일랜드인과 유대인은 여기에서 손을 떼고, 이탈리아 출신 알 카포네(Al Capone)가 조직폭력단을 세우면서 마피아가 형성됐다. 마피아 이전의 대표적 범죄단은 어느 정도 낭만성이 있는 열차강도였다. 이들은 달리는 열차에 말을 달려 올라타서 승객들보다는 주로 은행이나 정부로 운송되는 대규모 자금을 털었었다. 마피아는 유흥이나 도박, 나아가 운송과 건설 부문에서 대규모 사업망을 지배하였으나, 1970년대 이후 탈세 혐의와 마피아의 5대 가문인 감비노 가의 두목 존 고티(John Gotti)가 종신형으로 복역하게 되면서 지금은 그 세가 훨씬 꺾였다.

이들뿐만 아니라 중국인들도 1860대부터 대거 유입되어 철도부설에 노동력을 제공했다. 그러나 30년 후에 대륙횡단철도가 완성되자 이들의 노동력은 더 이상 필요하지 않았다. 그들이 군대막사와 비슷하게 세워졌던 철도 캠프에서 흩어져 농장이나 도시로 진입하여 저임금으로 고용되자, 백인노동자들은 중국인들이 자기들의 일자리를 빼앗는다고 아우성이었다. 그러므로 예전에 동부에서 아일랜드계를 고용하지 않는다는 광고를 내걸었듯이 사용자들은 중국인을 고용하지 않는다는 애국적 광고를 내걸었다.

이런 추세를 반영하며 1889년에 중국인 이민금지법이 수립됐다. 그런데 그즈음 하와이에서는 사탕수수농장이 개발되고 있었고, 임금이 싼 중국인 노동자가 못 들어오자 미국정부는 일본과 우리 나라에서 노동 이민자를 데리고 왔다. 그러나 얼마 안 있어 일본인에 대한 적대감이 또 일어나자, 일본 스스로 자국민의 미국행을 차단했다. 그러나 3D 직종에 종사하는 값싼 외국인 노동력은 언제나 필요했다. 그래서 필리핀계가 그 역할을 맡았다. 이들은 1899년 스페인 전쟁으로 미국이 필리핀을 보호령을 만듦으로써 무비자로 이민왔었는데, 다시 그들에 대한 미국인 노동자의 입국금지 요구가 높아지고, 이것은 필리핀을 독립시키는데 일조를 했다.

제1차세계대전 때는 확대되는 군수공장에 노동력을 제공할 필요로 남부에 살던 흑인이 북부 도시로 대거 이주했다. 블랙엑소더스(Black Exodus)라고 불리는 이 현상으로 할렘이나 시카고의 흑인구역이 조성되고 재즈 시대와 더불어 할렘 르네상스(Harlem Renaissance)가 일어났다. 이에 이어 제2차세계대전이 터지자 이번에는 넓은 서부에 들어서는 군수산업, 특히 비행기공장의 노동력을 위해 흑인들이 그곳으로 이동했다. 또 멕시코에서는 불법이민이 많이 들어왔다.

드디어 전후에 다문화주의가 확산되면서, 1965년에 출신국적법이 철폐되어 세계 각국의 사람들에게 이민의 문이 평등하게 열렸다. 그 결과 3차 이민의 물결이 나타났다. 한국인들도 이때부터 이민을 가게 되었으며, 이 새로운 이민법 이후에 미국에 많이 유입되는 집단은 아시아계와 히스패닉계로 아직도 계속되고 있다.

한국계 미국인

미국 땅을 처음으로 방문한 한국인은 민영익으로 그는 한미수호통상조약이 체결된 다음 해인 1883년에 도포와 갓을 쓰고 미국에 전권대사로 파견됐다. 그 후 미국과 협정을 통하여 조선은 미국에 이민을 보낼 것을 결정하고 1903~1905년 동안 이민단 7,226명을 보냈다. 고종은 이를 대환영하였는데, 그 당시 여권은 2원(1달러)에 팔려서 왕실의 수익이 되었다. 하와이 땅을 처음 밟았던 이민단은 20여 일의 배를 탄 후 1903년 1월 13일에 도착했다.

그러나 한국의 이민사업은 3년 만에 곧 단절된다. 일본이 조선의 이민이 자기 나라의 이민사업과 경쟁관계가 된다고 여기고 대한제국에 압력을 가함으로써 조선의 이민은 막을 내렸다. 일본인은 이미 1885년부터 하와이에 진출하고 있었다. 고종시대에 이민이 금지된 이래 출신국적법 때문에 한국인들에게는 미국으로 이민갈 수 있는 길이 없었다. 단지 이승만이나 안창호 같은 극소수의 망명객들이 일제시대에 미국으로 갔고, 그 후에는 6.25전쟁에 의해 난민이나 다른 지위로 소수가 미국행을 했을 뿐이었다.

그러나 1965년 새 이민법이 시행되면서 대규모의 한국인 이민이 출현하여 코리아타운이 이루어지게 됐다. 현재 미국의 한국계 이민은 증가일로에 있으면서 미국 사회에서 새로운 이민세력으로 성장하고 있다. 근래에는 아시아계의 사회적 진출이 두드러져서, 그들은 미국에서 개인당 가장 높은 평균소득을 올리기도 한다. 아시아계 중에서 보다 일찍이 이민을 시작한 중국이나 일본 이민은 4-5대째가 많이 있으나, 한국계는 이민 2세가 성년에 이르고 있는 중이다.

인구 구성 비율

미국이 건국 후 처음 실시한 1790년 인구조사에서는 영국계 인구가 60%의 백인 인구를 차지했다. 그 후 한 세기 반이 지나는 동안 유럽 각지에서 이민들이 더욱 많이 유입됐다. 1940년에 유럽계 이민은 전체 인구의 26%를 차지했는데, 이 이민들 중에서 영국계는 9%로 떨어졌고, 오히려 독일계, 이탈리아, 네델란드가 각각 13-15%를 차지했다. 이로써 미국 사회는 영국계 위주에서 서북 유럽계 중심으로 주류문화가 확대 됐다고 할 수 있다.

2000년도의 인구통계에 의하면, 히스페닉계를 제외한 백인은 미국 총 인구의 72%를 차지한다. 나머지 28%는 대략 흑인이 12%, 히스페닉이 12%, 아시아계가 4%, 유대인이 2%, 원주민이 1%, 아랍인이 0.3%를 차지한다. 히스페닉과 아시아계의 인구는 급속히 늘고 있어서 10년 후면 히스페닉계는 제1의 소수민족세력으로 부상하면서 미국 사회의 변수로 떠오를 것으로 예상된다. 그리고 2050년이 되면 히스페닉을 제외한 백인들은 전체 인구의 53%가 될 것으로 인구통계국은 내다보고 있다. 종교면에서 본다면, 개신교가 총 인구의 32%, 가톨릭이 22%를 차지하며 유대교나 동방정교들도 꽤 있다. 주기적으로 교회에 가는 사람들은 40% 정도이며, 그 수는 적지만 불교도와 무슬림도 미국에 살고 있다.

다문화 사회로

이렇게 미국은 영국계 위주의 사회에서 유럽인 전체를 포함하는 백인 위주로 변하고, 또 지난 반 세기 동안 흑인, 히스페닉계, 동양인에 대해 차별을 없애고 변신하려 한 결과 다문화의 기반 조성을 이룩해가고 있다. 20세기 초에만 해도 이탈리아인들이 먹던 토마토 소스를 마녀의 피라며 피하던 풍조는 사라지고 핏자나 스파게티는 국민음식으로 자리잡았다. 미국인들은 유대인의 코셔(유대식 제례를 올리며 준비되는 음식)피클이나 락스(훈제 연어)도 즐겨 먹는다. 망측하고 저속하기 짝이 없다고 여기던 재즈와 로큰롤도 이미 미국의 국민 음악이 된 지 오래이다. 김치나 라면도 이제 웬만한 슈퍼마켓에 진열되어 있다. 1950년대만 해도 미국은 앵글로-색슨적 주류문화에 따라 동일한 스타일로 살아야만 했던 멜팅 포트(용광로)였다. 어떤 주에서는 아시아인을 포함한 비백인과 백인의 결혼을 인정하지도 않았다. 그러나 지금의 미국은 모든 민족적 구성원들이 자신들의 문화를 즐기며 개성있게 살아가는 샐러드 보울의 사회가 됐다.

미국은 다양한 인구의 구성 때문에 다른 나라보다 인종적 갈등을 빨리 겪었고 또 그런 문제들을 해결하려는 노력도 일찍 보여 준다. 다문화주의의 이론적 근거는 생물학적 인종주의가 19세기 말에 기승을 부리자, 이에 대한 대안으로써 환경주의적 논의가 대두되면서 비롯됐다. 그 후 코민턴과 국제연맹도 민족자결권과 국가들 간의 평등한 지위를 촉구했다. 미국에서 다문화주의적 정책은 프랭클린 루스벨트가 유대인 루이스 브랜다이스(Louis D. Brandeis)를 처음으로 대법관에 임명하고 여성을 각료에 임명하면서 시작됐다. 그러나 다문화주의 확산에 지대한 공헌을 한 것은 유대인들이 히틀러 때문에 겪은 홀로코스트였다. 게다가 제2차세계대전 후 미국은 세계화의 충격파를 겪었다. 그 파장은 미국에서 뿌리 깊은 흑백 인종차별의 문제에까지 미쳤다. 냉전시대에 인종차별은 신생 아프리카 국가들에 대해 미국의 지도력을 확립하는데 걸림돌이 됐다. 그 당시 소련은 민족해방전선의 기치를 내걸으며 제3세계의 호응을 얻고 있었다. 그러나 미국에서는 아프리카 국가 대표들이 미국 정부의 공식방문을 마친 후 남부를 여행할 때조차도 공공시설, 호텔, 식당 등에서 쫓겨나기가 일쑤였다. 이에 대해 그들은 미국대통령에게 강력히 항의했고, 연방정부는 여태까지는 국내 문제로만 덮어 두었던 인종차별문제를 더 이상 좌시할 수 없었다.

앞서 언급한 브라운 판결은 미국정부가 이제 인종문제에 나설 것을 밝히는 강력한 메시지였다. 이어서 마틴 루터 킹의 주도로 민권운동이 확산되면서 1964년에 세워진 민권법으로 미국인들은 인종과 피부색을 이유로 더 이상 법적인 차별을 받지 않게 됐다. 그리고 민권법의 시행을 확실히 하기 위해 소수민족우대정책(Affirmative Action)을 세워서 지난 40년간 체계적으로 소수민족과 여성에게 공공부문에서의 고용과 입학에서 우대조치를 취해 왔다. 그 결과 현재의 국무부장관은 외국 태생의 흑인이고, 영향력 있는 국가안보좌관은 흑인여성이며, 미국의 내각에 상당수의 소수민족이 포함되어 있다. 또한, 소수민족우대정책은 세계 곳곳에 파급효과를 가져다 주었다. 우리 나라의 경우 고용부문에서 여성에 대한 할당제를 요구하는 것도 그 중의 하나이다. 미국에는 아직도 풀어야 할 인종적 과제가 많이 남아 있다. 그것은 소수민족에 대한 사회 경제적, 문화적 차별을 일소하는 것이며, 이 일은 앞으로 오랜 시일이 걸릴 것이다.

다문화주의적 사회로의 변신은 지난 반 세기 동안 미국이 이루어놓은 변화 중에 가장 훌륭한 것이었다. 그것은 몇 백년 동안 고정관념화됐었던 인종의 장벽, 편견, 차별을 넘어 한 인간을 소속된 배경이 아닌 개인의 개성과 능력으로 평가하려는

혁명적인 발상의 전환이었다. 그 결과 미국 사회는 예전의 인종차별적 양상이었던 많은 부분을 고쳐나갔다. 이런 다문화적 가치관의 성과는 3,000여 명의 민간인이 갑자기 희생된 9.11 테러를 겪고도, 그 후에 아랍계 미국인에 대한 집단적 보복이 거의 일어나지 않았다는 데서도 찾아볼 수 있다. 앞으로 미국의 다문화주의적 풍조는 어느 정도 위축되리라고 예상된다. 그러나 지난 반 세기 동안 이루어진 다문화주의가 가져다 준 결실이 하루아침에 사라지지는 않고, 미국의 중요한 가치체계의 한 부분을 차지할 것이다.

충성 서약과 악의 축 – 퓨리턴 정신

1950년대까지 미국 문화의 가장 중심적 원류는 곧 퓨리턴 (청교도) 정신이라고 모두들 여겨왔다. 미국 문화에 기여한 개척정신이나 이민의 중요성이 아직 충분히 부각되지 못했기 때문이었다. 뉴잉글랜드의 퓨리턴은 영국에서의 박해로 미국으로 이주하였는데, 그 근원은 칼뱅교였다. 칼뱅 교도는 스코틀랜드에서는 장로교라고 불리었으나, 잉글랜드에서는 그 나라의 종교개혁이 충분하지 않기 때문에 영국교회를 더 정화 (purify)해야 한다고 믿음으로써 퓨리턴이라고 불렸다. 사실 성공회는 교리와 형식에서 가톨릭과 유사한 부분이 많았고, 개혁의 핵심적 부분은 국왕이 종교의 수장이 되어 바티칸으로 흘러 들어가던 십일조를 영국의 국고로 흡수하는 것이었다.

유럽에서는 종교개혁의 열풍으로 가톨릭 교단에 대해 다양한 처방이 내려졌었는데, 가톨릭과 가장 가까이 있던 우파적 개혁이 성공회였고, 그 다음이 루터교였으며, 그 다음으로 간주되는 것이 칼뱅교였다. 가장 좌파에 있는 것은 츠빙글리로부터 파생된 재세례파로서 이들은 교회 자체를 전혀 의미 없는 것으로 일소하고 사람들은 '내면의 빛'에 따라서 영적인 생활을 하면 구원을 받는다고 믿었다.

엄격한 퓨리턴

퓨리턴들은 독특한 교리를 갖고 있었는데, 그것은 예정설과 소명설이다. 그들은 전능한 신은 이미 인간의 운명을 예정해놓고 있으나, 원죄로 얼룩진 인간은 그 예정된 운명을 절대 알 수 없으며, 그것을 아는 것은 전지전능한 신뿐이라고 믿었다. 그러므로 인간이 할 수 있는 최선의 것은 신이 이 세상에서 유용하게 쓰이도록 그에게 소명한 의무를 다하는 것이었다. 이 소명은 현재 맡은 바 직분으로 가장 잘 나타나므로 구원을 받을 수 있는 가장 확실한 길은 천직으로 받은 직무를 충실히 수행해가는 것이다. 바로 이런 이유에서, 막스 베버(Max Weber)는 칼뱅 교도들에게서 직업의 귀천 사상이 없어졌고, 프로테스탄트의 직업윤리관(work ethic)이 세워졌으며, 바로 이것이 자본주의를 발달시키는 원동력이 됐다고 했다. 사실 가톨릭은 대금업 같은 것을 죄악시하면서 신도들에게도 금하게 했다. 칼뱅 교도들은 이런 금기를 소명이라는 믿음으로 타파하면서, 맡은 바 직분을 천직으로 알고 열심히 일해서 세속적인 성공을 이루고 도시의 상공계층에 많이 퍼졌다.

퓨리턴은 유달리 원죄설을 신봉했는데, 클루크혼이나 스트로드벡이 지적했듯이, 그들의 엄격성은 원죄설에 대한 깊은 믿음에 기인한다. 퓨리턴은 아담과 이브가 지은 원죄 때문에 인간이 에덴동산에서 쫓겨났고, 사람들은 바로 이 원죄를 끊임없이 속죄함으로써 구원에 이르는 삶을 살아야 한다고 보았다. 이렇게 청교도의 삶은 구원의 역사에 초점이 맞추어져 있기 때문에, 인간은 욕망에 의해 타락할 수 있는 요소를 지닌 원초적인 죄인임을 잊지 않고, 구원받기 위해 언제나 스스로를 엄격하게 다스리는 극심한 도덕적 자세를 가졌다.

그들은 안식일에는 오로지 신만을 경배해야 된다는 성경의 말씀을 문자 그대로 지켰기 때문에 뉴잉글랜드에서는 일요일에 청소를 한다든가 머리를 감더라도 처벌받았고, 심지어 불을 지펴 요리를 하는 것도 금했다. 그리하여 보스턴은 한때 '강낭콩 도시'로 불렸었는데, 이는 토요일에 콩을 미리 삶아놓고 일요일에 찬 강낭콩을 먹었기 때문이었다. 퓨리턴의 엄격성은 시간을 지키는 관습이나 정직함, 근면성을 발달시킴으로써 직업윤리를 한층 강화시키고 미국인들의 생활방식에 지속적으로 영향을 주었다. 미국인은 대체로 유럽인에 비해 성적으로 덜 개방되어 있고 의복의 관습도 더 엄격하다. 그리고 공공장소에서 술을 마시는 것도 불법이다. 퓨리턴들은 음주를 죄악의 온상이라고 생각했다. 이런 전통은 1920년대에 여성들이 투표권을 획득하자 금주법운동으로 전개되어, 드디어 술의 제조, 유통, 판매를 전국적으로 금지하는 헌법 수정으로 나타났었다. 그러나 이 법은 사람들의 술 좋아하는 버릇을 고치기는 커녕, 술의 암거래로 조직범죄단만 키우게 되어서 10년 후 폐지됐다. 이 덕택에 미국은 밀주로 만든 독한 술을 마시는 것이 습관화되어 와인보다 위스키를 더 많이 마시게 됐다.

청교도들이 신대륙에 이주한 것은 신의 뜻에 합당한 도시(City Upon a Hill)를 세우려는 꿈을 실현하기 위해서였다. 이 신념은 모범적 사회를 세우기 위해 사회성원들 간에 공익을 위한 사회봉사정신을 강화했다. 이에 따라 미국인들에게는 검약한 생활을 하면서 자선단체에 기부하거나 무료봉사하는 것을 미덕으로 삼는 전통이 내려온다. 퓨리턴들은 신의 뜻에 따라 모범적으로 살지 않으면, 천벌이 내려서 그들이 세운 식민지와 나라가 몰락하고 말 것이라는 강박관념을 언제나 가졌다. 세일럼에서 일어난 마녀재판도 바로 이런 강박관념이 사회적 히스테리로 폭발한 것이었다.

마녀재판과 하버드 대학

세일럼(Salem) 타운에서는 1692~1693년에 마녀재판이 벌어졌다. 그것의 발단은 카리브 해에서 온 한 흑인 노예 소녀가 아이들을 돌보면서, 그곳의 아프리카 흑인종교인 '부두교' 이야기를 들려주며 장난을 치며 놀다가 아이들이 기절을 하는 일이 벌어진 데서 일어났었다. 아이들의 진술을 듣고 그 노예 소녀를 조사한 결과, 그 소녀는 마을의 점잖은 두 부인을 물귀신작전으로 끌고 들어가서 온 마을이 마녀의 이야기로 열병을 앓았다. 점점 더 많은 사람들이 조사받게 되고 목사들은 경쟁하듯 여기저기서 회개하라고 외치며 마녀의 재앙에 대해 설교했다. 확실한 증거는 없었으나 결국 14명의 여자와 5명의 남자가 처형됐다.

이런 사회적 히스테리는 당시 퓨리턴 사회가 이주 3세대 즈음으로 접어들자, 물질적으로 풍요로워지고 세속화되면서 오는 긴장과 갈등에 그 근본 원인이 있었다. 당시 목사들은 젊은 이들이 풍요 속에서 타락한다고 개탄했다. 피해자 대부분은 해운업으로 부가 늘어난 타운의 동부 출신이었고, 그들의 종교도 비주류인 성공회, 침례교, 퀘이커 교도가 많았으며, 특히 의지할 곳 없는 늙은 과부가 많았다.

17세기 동안 뉴잉글랜드에서는 약 300명이 마녀재판을 받았고 그 중 36명이 처형됐다. 청교도는 종교적 자유를 찾아서 이민왔으나, 다른 교파에 대하여는 편협하고 가혹했다. 정교 분리를 주장하며 퓨리턴 신정정치체제에 도전하던 로저 윌리엄스(Roger Williams)나 토마스 후커(Thomas Hooker)는 이단자로 단죄받고 매사추세츠에서 추방되어 각각 로드아일랜드와 커네티컷 식민지를 세웠다. 또 '내면의 빛'을 설교하던 앤 허친슨(Anne Hutchinson)도 추방당해서 그의 신도 200-300명을 이끌고 새로운 정착지를 찾아나서다 실종됐다.

그러나 마녀재판은 이 세일럼 재판을 계기로 미국에서 완전히 사라졌다. 그것은 마녀재판을 주관했던 목사들이 몇 년 후 자신의 그릇된 판단을 뉘우치며 공식적으로 회개를 하고, 또 사건이 발생한 후 20년 정도 지나서 억울하게 사형당했거나 벌을 받았던 모든 사람들을 사면복권해 주었기 때문이다. 이런 점으로 미루어보면, 미국에서 마녀재판의 소멸은 서양의 역사에서 인권 향상을 위한 획기적인 발전이었다. 당시 유럽에서는 마녀재판이나 종교재판이 성행하고 있었다.

신의 뜻에 합당한 식민지를 세우기 위해, 청교도들은 후세들을 올바르게 기르려는 대단한 교육열을 보였다. 매사추세츠 식민지가 세워진 지 6년밖에 지나지 않아서 주민들은 종교 전문인을 교육하기 위해 하버드 대학을 설립했다. 또 그보다 11년 뒤인 1647년에는 주민 모두가 글을 읽어서 성서를 해독할 수 있도록 보통의무교육제도를 수립했다. 가구가 50호에 이르는 타운에는 1명의 교사를 두고, 100가구가 되는 곳에는 초등학교가 세워졌다. 그리고 1690년 보스턴 시는 예산의 반을 교육에 할애할 정도였다. 같은 해에 보스턴에서는 미국에서 처음으로 신문을 발행했다. 이렇게 해서 보스턴에 뿌리내린 지성의 전통은 지금도 면면히 이어지고 있다.

충성서약과 악의 축

"나는 모두를 위한 자유와 정의를 실현하고 '하나님 아래 (under God)' 분리될 수 없는 하나의 나라인 나의 공화국과 그것을 상징하는 국기에 대해 충성을 맹세합니다." 이것은 미국의 국가와 국기에 대한 충성서약(The Pledge of Allegiance)의 전문이다. 국적을 취득하는 기념식에서 이민온 사람들은 손을 들어 이 서약문을 암송한다. 그리고 현재 50개 주 중에서 반 정도가 이 충성서약을 학교에서 암송하도록 장려하고 있다. 우리는 여기에서 미국 문화에 스며있는 퓨리턴적 전통을 엿볼 수 있다.

이 서약은 1892년 콜럼버스 날에 한 청년잡지가 학생들이 낭송할 수 있도록 짧은 문장을 실으면서 비롯되어 여러 학교에서 암송하게 됐다. 애초의 문장에는 '하나님 아래'라는 구절이 없었으나 아이젠하워 시대에 첨가됐다. 그러나 1960년대 이후 충성서약은 정부가 어떤 특정종교를 인정함으로써 유대-기독교를 믿지 않는 자들에게 국외자라는 느낌을 줄 수 있다는 연방법원의 판결이 있은 후 점점 자취를 감추어갔다. 한편, 9.11 테러 이후 달아오른 애국적 감정으로 많은 주들이 공립학교에서 충성서약 암송을 의무적으로 세우려는 움직임을 보이고 있고 주정부도 이에 호의적인 태도를 보이고 있다.

2002년 1월의 연두국정연설(State of the Union Address)에서 부시 대통령은 테러와의 전쟁에 대한 결의를 보이면서 북한,

이라크, 이란을 '악의 축(axis of evil)'이라고 지목했다. 클린턴 행정부 말기에 미국은 이미 7개국을 '불량 국가(rouge states)'로 분류했었는데, 이들은 테러와 관련된 주요 국가로서 이란, 이라크, 리비아, 시리아, 쿠바, 북한, 수단이었다. 그러나 9.11 테러 이후 이 7개국은 3개국으로 포커스가 좁혀졌다. 다른 4개국은 테러주의자들과 연계되어 있더라도 대량살상무기를 제조하기가 어렵다고 판단했을 것이다.

세계를 선과 악으로 이분하는 것은 기독교적인 동시에 무슬림적 발상이다. 세계의 모범이 되어야 한다는 강박관념 밑에는 미국인은 신의 선택받은 후예라는 자긍심이 있다. 그들은 자기들의 '우월한' 삶의 방식을 세계에 전파해야 된다는 사명감을 느끼며 세계를 미국과 같이 개조하려고 한다. 미국은 그동안 우리 나라를 비롯해서 세계의 많은 부분을 미국적 개신교로 개종시켰고, 많은 나라에서 전통사회가 무너지고 미국식 민주주의 정부가 수립되는 것을 도와주었다. 그들은 이런 것이 제3세계의 국민들에게 도움을 주기도 하지만, 한편으로는 문화적 침략이나 외세의 간섭 혹은 위선으로 보이는 부분이 있다는 것에 괘념하지 않는다. 미국적 세계제패의 밑바탕에는 이러한 청교도적 사명감이 깔려 있다.

움직이는 서부-개척정신

　미국은 13개의 식민지에서 시작해서 미시시피 강으로 뻗어 갔고, 또 대평원을 지나 로키 산맥까지 이르렀으며, 거기에서 태평양까지 영토를 확장해갔다. 그러므로 미국의 역사는 서쪽을 향한 한 편의 서사시였다. 처음에는 애팔래치아 산맥의 산기슭이 서부였는데, 지금의 시각으로 보면 그곳은 극심한 동부에 위치하고 있다. 그러므로 대서양 해안가의 좁은 줄기를 제외한 미국 영토의 거의 모든 부분은, 한때는 온통 서부였다고 말할 수 있다. 즉 미국의 서부는 움직이는 서부, 옮겨가는 서부였고, 이런 의미에서 구서부(Old West), 중서부(Midwest), 먼 서부(Far West)라는 말도 생겨나게 되었다.

　서부의 위치가 정확하게 어디부터 시작하는지 지리적 경계를 짓기는 쉽지 않다. 사람들이 남겨 놓은 기록이나 이야기 속에서도 서부라는 말은 새겨들어야 그곳이 어디를 뜻하는지 파악할 수가 있다. 왜냐하면 서부란 미국인들이 정착해 살아가던 지역의 서쪽 경계 부근을 일컬었기 때문이다. 그래서 초기 식민지 시절에 미국의 서부는 대서양에 가까이 있는 애팔래치아 산맥을 바로 넘어서였다. 그 후 1803년의 루이지애나 구매로 광대한 땅이 미국인에게 넘어오게 되자 미시시피 강 서쪽의 땅을 서부라고 불렀다. 이 두 곳을 합하여 Old West라고 부른다. 그리고 미국 영토가 태평양에까지 이르는 19세기 후반기부터 서부는 로키 산맥 서쪽이라는 현재의 감각을 유지하게 됐다. Old West에 대비해서 이 지역을 New West라고 부른다.

이렇게 미국의 서부는 시대에 따라 지리상의 위치가 움직였다. 그러면 움직이는 서부이니까 서부의 이미지도 변해야 하지 않을까? 사실 Old West에서와 New West에서 정착하고 사는 스타일은 아주 달랐다. 새로운 서부는 철조망이 발명되어 목책을 대신 하면서 목장의 경계를 넓힐 수 있게 되고, 전화가 발명되어 농장이나 목장의 격리감을 해소시켜 주면서 많이 정착됐다. 이어서 자동차와 에어컨디션이 보급된 후에 더욱 꽉 들어찼다. 그리고 현재는 동부보다 도시에 더 많은 인구가 살고 있어서 서부가 더 도시적이고 개방적인 부분이 많다고도 할 수 있다. 그래도 서부의 이미지에는 움직이지 않고 변하지 않는 어떤 것이 있다. 서부는 자유, 광활함, 거친 야성을 간직하고 미국인에게 영원한 낭만으로 남아 있다.

서부와 미국인 기질

　서부는 미국인의 기질을 이루는 여러 가지 속성을 가져다 주었다. 미국의 국가에는 "자유의 땅과 용감한 사람들의 고향" 위로 성조기가 펄럭이고 있다는 말이 나온다. 미국인들은 그들의 피에 모든 어려움을 무릅쓰고 드넓은 대양을 건너 미지의 세계로 뛰어든 용감한 선조의 정신이 공통적으로 흐른다고 믿고 있다. 그리고 그런 용감성과 모험정신을 찬양하기 때문에 미국인의 기질이 진취적이라고 여기고 있다.

　서부의 존재는 미국인을 다른 어느 나라 사람보다 더 민주적으로 만들었다. 서부에 살던 사람들은 미개지 개척의 거친 생활을 하면서 서로 비슷한 처지에서 함께 참여하는 민주주의를 수립해갔다. 미국에서 남자의 경우나 여자의 경우에나 일반 투표가 수립되기 시작한 것은 서부의 주에서였다. 서부는 계층적 질서가 보다 심했던 동부와는 확실히 달랐다.

　또 서부는 미국인들을 실용적으로 만들었다. 개척생활에서 탁상공론에 불과한 것은 통하지가 않았다. 어떤 것이 진리를 가졌다고 여겨지려면 그것은 실제의 생활에 어떤 면으로든지 도움을 주어야 했다. 서부의 거칠고 실용적인 스타일은 미국의 대표적인 패션에도 잘 나타난다. 미국의 대표적인 복장 브랜드인 랄프 로렌이나 캘빈 클라인 등도 반들거리고 매끈한 유럽의 브랜드보다 거친 소재와 실용적인 작업복 성격을 많이 수용한다.

그러나 서부의 개척생활은 할리우드 영화에서 보듯이 히어로와 히로인이 가득한 곳은 아니었다. 그곳의 생활은 거칠고 고단했다. 여성들이 우아한 여성성을 지키기가 힘든 곳이 서부였다. 여자들도 농장을 함께 일구고 때로는 고립되어 있는 농장 안에서 장총을 들고 원주민의 기습에 대비해야 됐다. 또한 그곳은 한탕주의가 판치는 무법지대이기도 했다. 그래도 서부가 있어서 미국인들의 성격이 더 넉넉해지고 낙관적으로 됐다는 주장은 무시할 수 없다. 동부에서 일이 잘 풀리지 않을 때, 사람들은 서부로 갈 수 있었다. 그러므로 서부는 미국의 안전핀 구실을 해주었고, 그들을 낙천적으로 만드는데 기여했다. 외국인들은 미국인들의 표정이 밝고 개방적이며 유럽인들보다 더 큰 목소리로 말한다고 지적한다. 이것도 미국에 널려 있던 서부의 존재와 무관하지는 않을 것이다.

미국 문화의 형성에서 프론티어의 중요성을 들고 나온 이는 터너(Frederick Jackson Turner)였다. 그는 1세기 전에 미국의 중요한 문화유산의 초점이 퓨리터니즘과 동북부로 맞추어지는데 반기를 들었다. 그리고 서부야말로 미국인의 기질을 조성하고 역사를 움직인 핵심적 요소라고 주장했다. 그에 의하면 미국인은 서부개척의 동질성을 나누어 가지고 있었다. 개척의 과정은 처음에는 모피수집가가 오솔길을 다니던 것을 농부들이 마차를 타고 뒤쫓아가고, 그 뒤에 상점과 학교, 법원, 병원들이 들어서면서 볼품 있는 마을로 정착됐다. 이렇게 Old West는 메워져 갔다.

미국인구통계국은 1890년에 더 이상 무상으로 분배할 넓은 공유지가 남아 있지 않다고 발표했다. 건국 초에 미국은 약 50 에이커(6만 평)의 땅을, 그리고 19세기 후반기에 농업이 기계화되어가자 160에이커(20만 평)에 이르는 넓은 땅을 개인에게 거의 무상분배하거나, 1에이커당 1달러 정도의 저가로 토지를 분배했다. 이렇게 땅을 얻은 사람들은 서부 처녀지의 거친 개척생활에서 외로움을 달래며 용감하게 살았다. 그러면서 미국인의 진취적인 기상은 더욱 가중됐다.

카우보이

우리는 카우보이라면 존 웨인이나 게리 쿠퍼가 나오는 영화를 떠올릴 것이다. 할리우드에서 조작된 카우보이의 전형에는 몇 가지 신화와 같은 아우라가 감돈다. 그들은 과묵하고 불의를 참지 못하고 뒤에서 총을 쏘지 않는다. 여성들에게는 그들이 창녀이건 성녀이건 가리지 않고 기사도 정신을 발휘하면서 결코 타락하지 않는 신사로서 군림한다. 그들은 우람한 풍채와 은근한 미소로 말을 대신하는 존 웨인의 모습으로 화면을 압도하기도 하고 게리 쿠퍼와 같이 수려한 용모와 한없이 부드러운 표정으로 다가오기도 한다. 그들은 모든 남성이 한번쯤 그렇게 되어 봤으면 하는 존재이고, 모든 여성이 한번 사귀어보고 싶은 꿈의 표상이라고나 할까?

그러나 실제의 카우보이는 이런 것과는 참으로 무관한 부분이 많았다. 그들은 저임금에 시달리는 임시노동자였다. 특히 방목이 이루어진 텍사스 부근에는 히스페닉계의 목동이 많았다. 이들은 반노예라고 할 수 있는 불리한 계약조건에 얽매인 피오니지(peonage)였다. 백인카우보이가 많았으나 더러는 흑인카우보이도 있었고, 원주민혼혈도 있었다.

미국은 19세기 후반에 대륙횡단철도가 완성되면서 시카고 같은 도시에서는 식육가공업이 발달되었다. 텍사스에서는 대규모 육우공장에 고기를 대느라고 목장이 갈수록 큰 규모로 발전했다. 열명 내지 스무 명의 카우보이들은 여름 내내 들에서 놓아기르던 소들을 한데 몰고, 떨어져 노는 소들은 로데오로 오라를 쳐 모아서 1,000 내지 3,000두를 몰고 소시장으로 간다. 목장에서는 소들이 어릴 때 소유주를 밝히는 기호를 불에 달구어 찍는데(branding), 바로 여기에서 요즈음 명품의 메이커를 뜻하는 '브랜드'라는 말이 나왔다.

소시장으로의 여정은 대개 보름이나 한달 정도 걸리는 고된 것이었다. 소 떼 몰이는 하루에 겨우 32-40km 전진할 수 있었고 카우보이들은 목장에서부터 철도정거장이 있는 곳까지 소를 몰고가서 넘겨야 했다. 그래서 더지 시티(Dodge City)나 애벌린(Abilene)같이 철도가 닿는 곳은 카우보이들이 소몰이를 끝내는 터미널이 됐다. 거기서부터 소들은 기차에 실려 도시의 육우공장으로 가게 된다. 소 터미널 도시에 가려면, 소몰이는 동리의 길을 따라가다가 서남부에 조성된 몇 개의 간선 소(牛)길이라고 할 수 있는 트레일(trail)을 만나게 된다. 이런 트레일에는 그 많은 소 떼에게 중간중간 먹일 물이 필수적으로 갖추어져 있어야 했다.

바로 이런 트레일의 여정이 할리우드 카우보이 영화의 전형적인 무대였다. 그 트레일에서 카우보이들은 원주민의 습격을 당하거나, 멕시코 도적떼를 만나 일대 결전을 벌인다. 승리는 항상 카우보이의 것이었다. 왜냐하면 그들에게는 언제나 든든한 존 웨인 같은 영도자가 있었기 때문이다. 때로는 지나치는 마을에서 백인악당들과도 한판 대결을 하지만, 위대한 영도자는 말 몇 마디와 권총의 속사, 난사 아니면 전혀 쏘지도 않고 그저 풍채만으로도 그것을 진압한다.

카우보이들은 드디어 더지 시티 같은 곳에 무사히 도착하고, 술집과 유곽에서 한바탕 몸과 마음을 푼다. 영화에서 그런 유흥가의 여자들은 18세기 프랑스 궁정에서나 볼 수 있는 귀부인의 품위와 매력을 다 갖추고 한없이 정실한 여인들로 나타난다. 카우보이는 몰고온 소를 모두 넘겨 농장주가 마음에 들 만한 액수를 거머쥐고 참으로 착하게도 전혀 횡령할 꿈도 안 꾸고 다시 농장으로 돌아간다. 왜? 그들은 정직하고 용감한 서부의 카우보이들이니까.

그러나 이런 것은 할리우드에나 있는 일이고, 그 여정은 언제, 어디에서 떼도둑이 덮칠지도 모르고, 원주민과 싸워서 항상 이기는 것도 아니었다. 때로는 길을 잘못 들어 물도 없이 소도 사람도 지치고 소 떼들마저 뿔뿔이 흩어지는 험난한 길이었다. 자영목장주는 다르겠지만, 먹고 살 길이 있는 자는 그런 소몰이 카우보이 대열에 끼려고 하지 않았다. 그것은 요즈음 미국의 식스틴 윌러(sixteen wheeler) 트럭 드라이버들보다 열 배, 백 배 힘든 일이었다.

아메리카 원주민

원주민들은 빙하시대에 베링 해협을 건너 아시아에서 왔으나, 그들은 그와는 반대로 몽골리안들이 아메리카에서 아시아로 건너갔다고 주장한다. 이런 억지 비슷한 주장은 자신들의 '원주민성'을 강조하기 위한 것으로, 거기에는 백인에게 그들의 삶의 터전을 빼앗겨 버리고 인고의 나날을 살아온 데 대한 억울하고 깊은 한이 스며있다. 그들은 자신들이 아시아 대륙에서 이주해 왔다는 설을 자신들이 원래 아메리카 땅의 주인이라는 정체성을 없애 버리려는 백인들의 음모라고 여긴다. 대신 그들은 그 땅에서 태어났다는 부족신화들을 대안으로 제시한다.

영화에서 미국원주민은 언제나 백인을 습격하는 사람들로 나타난다. 왜 습격했을까? 거기에는 그럴 만한 피치 못할 아픈 사연이 있다. 영국인이 아메리카에 정착하면서 원주민은 점차 동부에서 서부로, 거기에서 또 새로운 서부로 쫓겨 나갔다. 그러다가 불모지가 대부분을 차지하는 서쪽의 거주구역으로 집단 이송됐다. 현재는 오클라호마 주에 가장 많은 인디언보호구역(Indian Reservation)이 있고 뉴멕시코, 애리조나 등의 서남부에도 거주지가 많다.

철도가 놓여지면서 대평원을 가로지르는 서부는 개발이 착착 진행된다. 평원에 사는 인디언의 주 생업은 들소(Buffalo)를 사냥하는 것이다. 들소는 그들에게 식량과 티피(인디안 텐트)와 옷을 제공해 주었다. 한번 들소를 사냥하려면, 남자전사들은 떼를 지어 들소를 몰고 돌화살로 한두 마리 잡아, 온 부족이 나누어 먹고, 다시 식량이 떨어지면 들소 사냥을 나갔다. 그들은 땅의 신(Mother Earth)에게 제를 지내고 식량에 필요한 만큼만 사냥했다. 그런데 철도가 놓여지면서, 들소는 철도회사의 적이 됐다. 애써 중국과 아일랜드에서 들여온 노동자들을 시켜 철도를 완성했는데, 들소 떼가 한번 지나가면 레일이 뽑혀지고 형편없이 망가져 버렸다. 철도회사에서는 사수를 기용하여 이 들소 떼를 잡기 시작했고, 군대의 지원도 받으며 평원에서 노닐던 그 많던 들소들을 전멸시켰다.

들소 떼가 전멸하자 원주민의 식량자원이 끊겼다. 정부에서 약속한 배급도 제대로 도착하지 않았다. 이에 따라 그들이 생존할 수 있는 방법은 백인 가정의 창고를 밤에 몰래 기습해서 식량을 구해오는 것뿐이었다. 기습대(raiding party)는 너댓 명의 소수정예부대로 이루어져 있다. 출정 전에 그들은 목욕재계하고 부족 전체가 천지신명께 제례를 올리며, 비장하게 출발한다. 그러나 백인에게 원주민의 신성한 식량조달행위는 도적질에 불과해 보일 뿐이다. 그래서 남자가 없을 때는 여자라도 총대를 들고서 자기 집 창고를 방어했다. 이렇게 계속되는 기습에 백인정규군대가 주둔하게 되면서 남북전쟁 후 미국군의 주요 임무는 원주민 소탕전으로 나아갔다.

원주민의 저항은 계속되었으나, 그것도 1890년 운디드니의 학살(Massacare of the Wounded Knee)로 막을 내리고, 원주민은 미국정부가 제시하는 동화정책에 순응한다. 이 동화정책에는 그들의 문화를 말살하려는 처절한 면이 있었다. 그러나 뉴딜 시대 이후에는 원주민의 문화를 보호육성하려는 정책으로 순회하여 현재는 그들의 대부분은 인디언보호구역에서 정부의 보조금으로 살아가고 있다. 원주민문제는 흑인문제보다 더 풀기가 어려운 부분이 있다. 단지 그들의 인구가 많지 않아 사회적 논의를 덜 받을 뿐이다.

검증되지 않은 것은 믿지도 말자 – 실용주의

미국인들은 doer이지 thinker가 아니라는 말이 있다. 그들은 탁상공론 같은 복잡한 철학을 싫어하고 확실하게 행동하는 것을 좋아한다. 미국에 그들 고유의 철학이 있다면, 그것은 실용주의이다. 실용주의는 그것의 효용성에 의해 진리가 입증된다는 이론인데, 이것은 산업시대가 펼쳐지고 세상이 복잡하게 돌아가서 예전의 사상적 잣대로 매사를 잴 수 없게 되자 새로운 환경에 알맞은 원리를 발견하고자 하던 노력에서 나왔다. 미국에서 애초에는 퓨리터니즘이 기본적인 사상을 제공했으나 세상은 점점 바뀌었고, 완고한 청교도의 교리는 점점 복잡해지는 사회에서 새로 일어나는 문제에 대한 해답을 주지 못했다. 이에 따라 청교도의 경직성에 저항하며 초월주의가 대두되었다. 그러나 그것은 극단적인 개인주의로 흘러서 다가오는 산업사회를 살아가는 사람들에게 적절한 원리를 제공할 수 없었다.

실용주의자들은 어떤 관념이나 이론 또는 진리로 여기는 신념들이 실증적으로 증명을 받아야만 그것들을 받아들이겠다는 입지를 내세웠다. 그리하여 그들은 마치 과학적 명제가 실험실에서 증명되듯이, 사회적으로 진리라고 여기는 명제를 하나의 작업가설로 여기고 우리가 실제로 살아가는 데에 효용이 있느냐는 검증을 마친 후에야 진리로 수용하려는 자세를 가졌다. 실용주의의 주창자 존 듀이(John Dewy)는 진리를 발견하는 방법은 시행착오(trial and error)의 과정을 거듭하는 학습과정을 거치면서 도달할 수밖에 없다고 믿으면서 새로운 이론을 한번 시험해 보도록 권장했다. 이렇게 실용주의자들은 철학이 실제에서 활용되어야만 진리의 범주에 들 수 있다고 주장하며, 경직된 관념을 배척함으로써 개혁의 이론적 기반을 마련해 주었다.

19세기 후반기에 다위니즘을 선두로 한 과학적 이론들은 당시 종교적 교리와 부딪히고 있었다. 실용주의자들은 신의 존재를 실증적으로 입증할 수 없어도, 우리의 생활에 행복과 평화를 가져다 준다면 진리로서 받아들일 수 있다는 입장을 취했다. 또 철학계에는 산업화의 박차로 거대기업이 출현하면서 사회적 다위니즘이 대두했다. 이것은 다윈의 적자생존과 약육강식의 이론을 사회에 적응하여, 사회적으로 성공한 기업가들을 예찬하고 점점 작아지는 개인들에 대해 무관심을 나타내는 비정한 이론이었다. 실용주의는 이런 이론에 문제를 제기하면서 그것이 미국 사회의 복리증진에 기여하지 않는 한 진리로 받아들일 수 없다는 개혁적 입장을 보였다.

정치와 경제의 실용주의

미국인의 역사를 보면 실용적으로 해결방법을 모색하는 특성을 보여 준다. 건국 초에 버지니아는 결국 매사추세츠를 도와 영국에 반기를 들었는데, 당시 버지니아는 영국과 대치상황에 있지 않았다. 버지니아는 영국과 경제적으로나 문화적으로 긴밀하게 연결되어 있었다. 그리고 식민지들 사이에는 충청도만큼이나 큰 비무장지대적 공간이 있었기에 지리상으로도 매사추세츠의 일이 위협으로 다가오지 않았다. 그러나 단한 가지 생각, 즉 만일 앞으로 버지니아가 모국의 말을 잘 안들을 때면, 영국은 그들에게도 똑같은 벌을 줄 수 있지 않을까 하는 실제적으로 가능성이 있는 생각이 그들로 하여금 매사추세츠와 힘을 합쳐 영국의 압제에 대항하도록 이끌었다.

워싱턴이 임기를 끝내면서 의회에서 한 고별연설은 후손들에게 큰 시금석으로 남았다. 그는 이 연설에서 두 가지 당부를 했는데, 그 중 하나는 외교상에서 유럽의 일에 쓸데없이 끼어들지 말라는 당부였다. 독립전쟁 당시 미국은 프랑스를 비롯한 유럽 국가들의 원조를 많이 받았다. 그러나 워싱턴은 국가

끼리의 감정적 처사 같은 것을 떠나서 실용적으로 중립을 지키는 외교를 권장하였던 것이다. 이 불개입(nonentanglement)주의는 오래도록 미국 외교의 원리로 남아 있었다.

링컨 또한 실용적 정책을 취했다. 그는 일리노이 하원의원으로 있을 때, 갈라진 집은 하나로 버틸 수 없다면서, 노예제도가 근본적으로 죄악이라는 개인적인 입장을 밝혔다. 이런 그의 전력 때문에 남부는 그가 대통령으로 당선되자 연방에서 탈퇴했다. 그러나 링컨은 일단 대통령에 취임하자 노예제도가 존재하면서 연방이 유지될 수 있다면 그것을 마다하지 않겠으며, 노예제도가 소멸함으로써 연방이 유지될 수 있다면, 그 제도를 없애버릴 것이라는 실용적 입장을 표명했다. 그가 전쟁 중에 노예해방선언을 선포한 것도 남부에서 흑인노동력을 교란하여 남부의 경제력을 와해시키고, 이 전쟁은 노예해방을 위한 숭고한 전쟁이라는 이미지를 심어 외국으로부터 남부에 대한 지원의 명분을 없애기 위한 실용적 시각에서였다.

성공적인 개혁을 이룬 것으로 평가받고 있는 뉴딜 정책의 많은 부분도 실용주의적인 방법에 의해 수립됐다. 루스벨트는 AAA, CCC, TVA 같은 무수한 알파벳 기구와 법을 수립했다가 폐지했다. 루스벨트는 전문가, 교수 등을 모아 브레인 트러스트를 조직해서 하나의 테스크에 대해 그들의 제안을 시도해보고 성과가 있으면 지속시키고 성과가 없으면 폐지하는 방법으로 뉴딜을 진행시켰다. 뉴딜 정책의 근간을 마련해 준 케인즈의 신경제이론도 실용적 방법으로 검증된 후에야 제2임기에 이르러서 대거 수용됐다. 케인즈의 이론은 소비부문을 강조하는 것이었는데, 그때까지 정통의 경제이론은 불경기일 때는 국민들에게 소비억제를 유도하고 저금을 장려하여 자본을 공장에 대여하여 공장을 다시 풀 가동시키는 것이었다. 그러나 케인즈는 그와는 정반대의 처방을 내렸다. 불경기에 소비를 억제하기보다 조장하면 저절로 공장이 살아난다면서, 그러기 위해서는 정부가 경제부문에 간섭하여 적자재정을 이루더라도 고용을 창출해야 한다고 했다. 이제 케인즈의 이론은 고전이 되어버린 지가 오래이다. 미국에서 그의 이론은 뉴딜 시대에 대폭 받아들여져서 사회보장제도를 수립하였고, 그것은 점점 확대되면서 지금까지도 유효하게 사용되고 있다.

맨해튼 프로젝트와 아메리칸 시스템
– 과학·기술에 대한 신뢰

　미국이 과학기술면에서 세계를 주도하는 데에는 풍부한 연구비, 외국학자의 영입 그리고 실용주의적 요소가 작용한다. 과학기술의 원리는 처음에는 유럽에서 개발된 것이 많았으나 미국에서 더욱 확대 적용되어 활짝 꽃피게 됐다. 미국에는 개인의 창의력과 능률을 존중하는 사회풍토가 있고, 기업들은 새로운 기술혁신을 적극적으로 수용하는 실험정신이 있었기에 과학과 기술을 발전시킬 수 있었다.

기술혁신의 3대 공로자

　미국이 산업사회의 중심으로 일어서게 된 데는 기술혁신으로 공을 세운 세 사람이 있었기 때문이다. 휘트니(Ely Whitney)는 18세기 말에 면화의 섬유에서 씨를 떼어내는 조면기를 발명해서 미국에 면화 붐을 일으켰으나 금전적인 성공은 거두지 못했다. 복제품이 많이 나왔기 때문이다. 그 후 그는 부품호환적 방법으로 소총을 생산해서 영국에 대항해 1812년의 전쟁을 치르던 정부에 납품함으로써 그 실패를 보상받았다. 그가 고안해 낸 부품 호환성은 American System이라고 불리면서 제품의 규격화를 이루어 대량생산을 이루는 기술혁신에 획기적인 진보를 가져다 주었다. 그의 회사는 훗날 윈체스터(Winchester)로 이어진다.

기술혁신에서 공헌을 한 또 한 사람은 테일러(Frederick W. Taylor)이다. 그는 제철공장에서 매니저로 일하는 동안 작업장에서 효율성을 높이기 위해 노동자의 작동에서부터 쉬는 시간에 이르기까지 세심한 관찰과 실험을 거듭한 끝에 생산성을 제고하는 데 큰 성과를 거두었다. 그는 분업화된 특정한 테스크에 어떤 작업방법이 가장 효율적인가를 연구하고, 새로운 방법과 설비를 고안했다. 그 결과 그가 일하던 베들레헴 제철회사의 금속절단 작업에서는 200-300%의 생산증가를 올렸고, 25-100%의 급여 인상을 가져왔다. 테일러리즘으로 칭해지는 그의 경영혁신은 1911년 『과학적 경영 원리 The Principle of Scientific Management』라는 책으로 출판되어 기업인들의 필독서가 됐다. 테일러는 미국 최초의 비즈니스 경영 컨설턴트라고 할 수 있다.

마지막으로, 포드 자동차의 수립자 헨리 포드(Henry Ford)는 1908년에 모델티(Model T)를 생산하기 시작했는데, 그로부터

5년 후 식육가공 공장에서 쓰던 어셈블리 라인을 생산과정에 도입하여 생산 코스트를 절감하고 차의 가격을 대폭적으로 인하했다. 당시 850달러에 달해 상류층의 전유물이었던 모델티는 그 해에 360달러가 되어, 그의 공장 노동자들도 한 대씩 가질 수 있을 정도였고, 본격적인 마이 카 시대를 열었다. 이전에 연간 1만 1천 대를 생산하던 모델티는 어셈블리 라인을 도입하던 해에 73만대로 생산이 증가됐고, 십여 년 동안 세계 자동차산업의 40%를 지배했다. 1927년이 되자 다양한 컬러와 옵션으로 고객의 구미를 새롭게 맞추던 제너럴 모터즈(General Motors)에게 밀려나기까지 포드가 개발한 어셈블리 라인의 대량생산 방식은 다른 분야의 제조업에도 급속히 퍼져나갔다.

또 에디슨(Thomas A. Edison)의 전력산업과 벨(Aexander Graham Bell)의 전화산업 같은 것은 실험실에서 개발된 신기술을 산업에 적용하는 데에 따르는 어려움에 능동적으로 대처하면서 수립되었다. 그것은 발전소에서부터 전화교환소 및 요금관리문제 등의 여러 가지 복잡한 과정을 동시에 처리하는 거대한 규모의 기업 형태를 열었다. 미국은 이렇게 새로운 기술혁신을 수용하는 새로운 산업을 개발하면서 대규모 기업을 합리적으로 운영하는 근대 산업의 틀을 세웠다.

맨해튼 프로젝트

제2차세계대전시 나치 치하를 피하여 많은 유대계 과학자들이 미국으로 이민왔다. 그 중의 하나가 현대 과학의 기초를 놓은 아인슈타인이다. 그는 핵이 분열할 때에 막대한 에너지를 분출한다는 것을 발견했다. 전쟁중에 나치 과학자들이 핵분열이론을 이용해서 엄청난 파괴력을 가진 폭탄을 발명하고 있다는 정보가 입수됐다. 이에 미국에 망명한 독일계 과학자들은 루스벨트 대통령에게 핵분열을 응용한 새로운 폭탄을 제조 할 것을 촉구했다. 그러나 대통령이 귀담아 듣지 않자, 과학자들은 아인슈타인으로 하여금 대통령에게 편지를 써서 청원을 하게 했다. 그리고 드디어 대통령은 핵폭탄개발 프로젝트에 서명했다.

이 계획의 총 지휘자가 된 오펜하이머(Robert J. Openheimer)는 최고의 과학자 300여 명을 세계 곳곳에서 모집하여 핵폭탄개발을 하는 맨해튼 프로젝트를 세웠다. 그것은 점조직으로 연결되어 과학자들은 각기 작은 부문에 관한 연구에 종사할 뿐, 자기들의 연구결과가 무엇에 쓰이는지를 모르고 있었다. 그리고 폭탄발사시험에서야 그것의 위력에 다들 놀라고 말았다.

히로시마와 나가사키에 핵폭탄이 투하되자 그 도시들은 불바다로 변했다. 화상을 직접 입지는 않았지만 그 도시의 반경 내에 있었던 사람들은 후유증으로 원자병을 앓게 됐다. 그래서 일본에서는 그곳의 주민이라는 것에 대해 쉬쉬하는 사태가 벌어졌는데, 원자병을 앓으면 갑상선에 이상이 와서 남자는 쉽게 피로하게 되어 직장에서의 업무수행에 지장을 받게 되고, 여자는 생식기능에 손상을 입어 2세 생산에 문제가 생기기 때문이다. 그리하여 남자나 여자나 구직과 결혼에 치명타를 주는 히로시마라는 근거지를 자신의 신상에서 떼어버리려고 호적을 파서 옮기는 일이 많이 벌어졌다.

일본 정부는 이렇게 잠잠한 피해자들에게 고마워할 수밖에 없었다. 그리고 미국은 더욱더 요행이라고 여겼다. 폭탄투하 후에 미국은 그 결과를 조사하러 히로시마에 갔다. 그러나 주민들의 항의가 없고 일본 정부도 조용하기에 단지 폭탄투하의 의학적인 결과만을 조사하고 돌아갔다. 누구도 인도적 차원에서의 조치는 문제삼지 않았다. 그래서 원자폭탄사용금지운동은 오히려 유럽에서 확산됐다. 지금도 원폭피해자의 배상문제에 대한 해결의 목소리가 간헐적으로 들리기는 하지만, 그 소리가 너무 작다. 피해자도 가해자도 모두 잊고 싶어하는 과거이기 때문일까?

맨해튼 프로젝트는 최근 원자력이나 우주 관계의 첨단과학에서 볼 수 있는 여러 부문을 수용하는 '거대과학'의 효시라고 볼 수 있다. 이제 하나의 연구 목적을 달성하기 위해서는 다수의 두뇌를 조직하고 정부의 장기적인 막대한 재정투자를 필요로 한다. 그런 면에서 미국은 단연 선두주자이다.

미국이 제2차세계대전 이후 경기침체를 걷지 않고 지속적으로 번영할 수 있었던 데에는, 여러 가지 요인이 작용했겠지만 그 중에서도 신기술개발로 새로운 산업이 창출된 데에 큰 원인이 있다. 한 세기 전의 신기술이 전기 관련 산업이었다면, 반 세기 전에 신기술은 화학공업 부문에서 대두됐다. 듀퐁이나 코닥필름 같은 회사가 그 산업을 리드했다. 그리고 현재 정보통신산업에서 미국은 세계를 리드한다. 우리가 마이크로 소프트사나 미국의 다른 IT 산업에 이용료로 쏟아붓는 금액만 하여도 천문학적이라 할 수 있다. 첨단기술산업, 컴퓨터산업, 생명공학부문, 우주산업은 거대한 연구 기반과 동시에 자유스럽고 실험정신이 가득 찬 기업 분위기가 필요하다. 미국의 과학기술은 이 두 가지를 다 갖추었으며, 미국인들은 과학기술이 가져다 주는 결과에 대해 대체로 낙관적인 신뢰를 보내고 있다. 이라크 전쟁도 첨단무기에 대한 미국인들의 신뢰에 바탕을 둔 것이었다.

비즈니스 매너 – 미래지향성과 직설적 표현

미국인의 시간에 대한 눈은 미래에 맞추어져 있다. 이 미래 지향적 태도는 그들에게 대수롭지 않은 일에도 언제나 스케줄을 잡는 버릇을 갖게 해 주었다. 다른 나라 사람들의 눈에 미국인들은 스케줄을 잡는데 지나칠 정도로 집착하는 것으로 보인다. 보통 그들의 스케줄은 일직선 상에 배열되어 있고, 한가지 일이 지연되어 자연히 따라오게 되는 다른 지연을 참을수 없어 한다.

미래지향성

사모바르나 포터에 따르면 미국인들의 이런 스케줄광적인

태도는, 그들의 미래가 지금보다 더 밝을 것이라는 잠재의식을 갖고 있기 때문이며, 그들이 그렇게 교육받았기 때문이기도 하다. 이 두 학자의 눈에 미국인들은 유난히 무엇인가를 하느라고 바빠서 언제나 쩔쩔매는 사람들같이 보였는데, 그것은 그들이 현재의 일을 하는 동시에 미래의 일을 추진함으로써 결국 한 가지 이상의 일에 마음을 두기 때문이라고 진단했다.

여러 나라의 커뮤니케이션 문화를 비교한 에드워드 홀(Edward Hall)은 미국인들이 이렇게 스케줄에 강박된 태도를 갖는 것은 단선적인 시간관념을 가졌기 때문이라고 분석했다. 그에 의하면, 제3세계의 사람들은 미국인들과는 달리 시간에 대해 복선적인 관념을 갖는데, 말하자면 그곳의 사람들은 대개는 임기응변적으로 일을 처리해서, 대충 잡아놓은 약속도 상황에 따라 쉽게 파기하고, 갑자기 닥치더라도 더 중요한 일부터 처리하는 융통성을 보인다는 것이다. 그래서 그들은 약속을 깰 수 없는 신성한 것으로 여기지 않고 상황에 따라서 약속을 못 지키더라도 상대방도 대충 이해하며 부드럽게 넘어가게 된다. 그는 이런 곳에서는 생활방식이 보다 즉흥적이고 조직화되어 있지 않고 스케줄보다는 사람들과의 관계를 더 중요시한다고 설파했다.

우리 나라식의 즉각대응 방법도 이런 범주에 들 것이다. 그것은 유연한 시간관리의 장점은 있으나, 반면 비효율적인 부분이 많고 아랫사람에게 피로감을 준다. 우리는 특히 웃어른을 만나려면 전화를 걸고 오늘이나 수일 내로 찾아뵐까요?하고 묻는다. 그러면, 그래 오늘 와봐, 그러든지 아니면, 오늘은 바쁘고 다음 주에는 괜찮은데, 그때에 전화 걸어보라고 대답한다. 그러면 기다리다가 다음 주일의 적당한 날에 옷매무새와 마음을 가다듬고 전화를 올리면 면담이 가능하게 되든지 아니면 또 다음으로 연기해야 한다. 아랫사람은 언제나 대기상태로 기다리다가 윗사람의 빈 시간을 포착해야 하는 불편을 겪는다.

이렇게 스케줄을 줄줄이 단선적으로 잡아놓는 미국인들이 동시다발적으로 헝클어져서 시간관리가 되는 다른 나라 사람들의 습관에 맞닥뜨리면 당황하고 실망하게 되는 점을 숙고하면서, 홀은 여러 문명 간의 상이한 시간관념을 분석했다. 그는 서양인, 특히 미국인은 시간이란 관리할 수 있는 실체가 있는 어떤 존재인 양 인식하고, 한 동안의 시간 안에서 뭔가 해야지, 안 하고 있으면 죄의식을 느낀다고 했다. 그것은 벤자민 프랭클린이 "시간은 돈이다"라고 말한 데서도 잘 나타난다. 그래서 미국인들은 비즈니스 회합에 5분 이상 늦는데 대해서도 아주 불쾌감을 느낀다. 이는 유연한 시간관념을 갖고 있는 제3세계의 사람들과 비하면 아주 대조적이다. 더구나 미국인은 유럽의 다른 나라 사람들보다도 빠르게 움직이고 사업상 대담에서도 본론으로 바로 들어가며 시간엄수의 관념이 강하다. 이런 속성은 영국인도 어느 정도 나누어 가졌다.

그것은 어쩌면 산업사회의 시간관리가 영국에서 시작되었던 역사적 전통에 기인하는지 모른다. 다른 서구 국가들보다 거의 1세기 앞서서 산업사회에 진입한 영국에서는 노동자들로 하여금 농촌사회에서의 생활방식을 일소하고 새로운 생산 체제에 적응하도록 만드는 문제가 제기됐다. 당시 많은 공장의 노동자가 어린이들로 채워졌는데, 이들은 농촌에서 해 뜨면 일하고, 해가 중천에 뜨면 점심 먹고 하는 식의 자연친화적인 시간에 익숙하였지, 시계가 귀중품이었던 시대에 시계의 바늘에 따라 일과를 운영하지는 않았다. 이런 아이들을 공장의 기숙사에 모아 놓고 7시에 기상하여 8시에는 작업장에 나와서 일을 시작해야 된다는 식의 사내규율을 실행하자니 어려운 점이 많았다. 여기에서 공장감독들은 채찍을 휘두르며 아이들에게 시간을 지키는 것은 모든 행위에 우선하는 제일의 덕목임을 누누이 강조했다.

한편, 클루크혼과 스트로트벡은 미래적 시간관념 때문에 미국인들이 남보다 시대에 뒤떨어지는 구식이 되지 않으려고 무척 애쓰는 것을 간파했다. 미국인들은 새로운 이론이나 견해에 대해서도 수용성이 강하다. 그들은 새로운 것을 받아들여 우선 시험을 해보고 그 후 버리든지 취하든지 하는 태도를 갖는데, 이것은 그들의 진취적 기상을 강화하는데 기여했다.

직설적 표현

커뮤니케이션 방법을 관찰하면서, 홀은 미국인은 대화에서 여러 가지 정보를 담고 있는 명확한 표현을 요하지만, 다른 나라는 그렇지 않다는 것을 발견했다. 예를 들면, 우리 나라를 포함하는 동양의 여러 나라에서 대화는 오히려 커뮤니케이션에서 작은 부분을 차지하며, 눈치껏 분위기를 파악하여 상대방의 저의를 이해한다든가, 침묵으로써 많은 것을 전하고 있다는 것이다. 그는 이런 커뮤니케이션 방법의 차이를 포착하면서 동양은 언어의 주변 정황과 문장의 맥락에서 의미를 이해하는 고맥락 사회(high context society)이고, 미국은 말의 정확한 표현에서 상대방의 뜻을 이해하는 저맥락 사회(low context society)라고 정의내렸다.

그의 참신한 이론은 우리에게 익숙한 동양과 서양의 문화 차이를 새삼 느끼게 해준다. 유교적 전통에서는 아랫사람이 웃어른의 뜻을 잘 받들어 모시며, 구태여 세세한 것이 언어로 일일이 표현될 필요가 없는 것을 우리는 잘 알고 있다. 이런 것은 참선의 경지를 소중히 여기는 불교적 전통에서도 잘 나타난다. 참선은 언어에 의한 사물의 이해는 불충분하다는 데에서 출발한다. 그것은 침묵 속에서 직관하거나 마음과 마음이 통하는 이심전심의 경지를 더 확실한 의사소통이라고 여긴다. 이런 것은 서양인이 모든 것을 언어로 표시하는 문화와 틀리다. 서양철학에서 명철한 인식에 이르는 방법은 삼단논법의 논리학이나 소크라테스의 대화법이다. 기독교문화도 말을 도구로 삼아 진리를 전하므로 모세가 받은 십계명도 명확한 언어로 지시하는 신의 말씀이었다. 목사의 기도도 언제나 성경의 구절을 먼저 띄우고 설교로 풀어간다. 이런 것은 말이 필요 없는 일본의 신토나 가무를 위주로 하는 우리 나라의 풍류도

또는 미국원주민들의 제례의식과 상당히 틀리다. 이 나라들에서는 권위가 있는 연장자나 현인들에 대해서 침묵으로 존경을 표현한다. 부부 간의 애정의 표현도 말 없는 사이에 주고받는 마음으로 전해진다. 미국과 같이 "I love you"라는 애정을 확인하는 언어가 구태여 필요하지 않다. 요즈음은 "사랑해요"라는 말 주고받기 범국민적 운동이 대두하는 듯하여, 나이가 지긋한 사람들은 어색함에 얼굴이 붉어지기도 하고, 이런 것은 문화제국주의적 발상이 아닌가 하는 의아심도 갖게 되지만, 아무튼 TV에서 사랑표현의 캠페인이 난무한다 해도 사람들 서로의 복잡한 감정을 낱낱이 말로 표현하는 것에 소원한 것이 우리의 문화다.

그래서 미국인과 사업상 교류를 할 때에는 명확한 표현이 필요하다. 그리고 조건과 한계를 분명히 설정하고 일을 처리해야 한다. 우리가 여러 가지 사업에서 직면하는 긴 설명과 계약의 조건들도 다 이런 저맥락적 언어문화에서 비롯됐다. 사업상 모임에서 미국인들은 만나서 몇 마디 날씨 등의 이야기를 한 뒤 주관심사로 곧바로 들어가는데, 이에 비해 동양인들은 주제에 대해 몇 시간이나 이야기하지 않는 경우가 있어서 미국인들을 당혹스럽게 할 때가 많다. 흔히 본론은 이 이야기 저 이야기 딴전만 부리다가 헤어지기 직전에 "실은……"하고 입을 벌리는 것이 우리의 대화법이다. 동양인들은 사업상의 교류에서도 긴 침묵을 편안히 여긴다. 그러나 미국인들은 침묵을 견디지 못한다. 그들에게 동양인은 도저히 속내를 보여 주지 않는 답답한 존재이다. 이런 차이에 대해 클루크혼과 스트로트벡은 서양인은 행동지향적인 문화를 갖고 있는 반면, 동양은 존재지향적 문화를 갖고 있는데 기인한다고 분석한다.

면담시에 미국인들은 즉각 본론으로 들어가고 신속히 확실한 답안을 요구하는데, 이런 것이 상대방에게 고압적으로 보일 때가 종종 있다. 한 예로 얼마 전 한 신문기사는 수입약값 책정에 대한 문제로 우리 나라 보건복지부 고위관리를 방문한 한 미국의 관계 당국자가 앉자마자 큰 소리로 호통을 쳐서 미국이 고압외교의 전형을 부린다고 비난했다. 그리고 한 사흘 뒤에 같은 신문은 약값에 관한 건은 별 문제 없이 타결됐다고 다시 보도했다. 대화방법의 차이는 때로는 이렇게 불필요한 마찰을 갖고 온다. 미국인들은 편지를 쓸 때도 먼저 용건이나 본론부터 쓰고 나중에야 신상의 이야기나 가족의 안부를 묻는다.

비형식적 스타일

실용주의적 문화코드는 미국인의 행동양식을 비형식적으로 만든다. 그들은 격식에 얽매이지 않고 손님을 처음 만나는 경우라도 성이 아닌 이름을 부르면서 대화를 시작하는 경우가 많은데, 이런 태도 때문에 외국인으로부터 타인을 경멸한다는 오해를 받기가 쉽다.

미국인들은 권위주의를 싫어하고 일을 상식과 실용적 시각에서 처리하기를 좋아한다. 그리하여 이들은 사소한 일이나 문제점을 고위 권위자에게 의뢰하는 대신에 실무자와 직접 부딪치며 일을 풀어간다. 또 업무 진행중에도 상대방이나 자신의 직함이나 직위를 많이 인식하지 않는다. 소위 테스크 오리엔티드됐다고 할 수 있다.

미국은 넓은 나라이고 서북 유럽계 문화가 중심이 되므로 인간의 교류에서 보다 이지적이랄까, 덜 감정적인 부분이 많다. 이에 따라 미국인과의 대화시에는 연인 사이가 아닌 다음에야 좀 거리를 두어 앉거나 이야기하는 것이 좋다. 그리고 라틴 아메리카인들이나 동유럽, 지중해 부근의 유럽인들처럼 구태여 양볼에 키스를 안 해도 된다. 사업상 교류에서는 그저 편한 악수 하나로 다 통한다.

미국인들의 이런 기질 때문에 그들과 교류할 때는 스케줄을 일찌감치 잡고, 한번 정한 규율을 잘 지키며, 시간을 엄수하고, 결론부터 말하는 것이 중요하다. 그들과의 커뮤니케이션은 비형식적으로 영위되는 부분이 많지만 정확한 표현을 필요로 한다.

열 가지 코드를 마무리지며

    여기까지 읽어내려 온 독자는 어쩌면 이 책이 너무 친미적인 시각에서 써내려갔다는 비판의 눈길을 보낼지도 모른다. 그렇게 느끼는 것도 무리가 아니다. 그러나 만일 어떤 외국인이 우리가 소중히 여기는 긍정적 자산, 즉 인정과 의리가 많은 미풍양속이나 안빈낙도하는 선비정신을 무시하고, 부정적인 시각으로만 우리를 들여다보려 한다면 결코 우리 문화를 바로 보지 못할 것이다. 그리고 만일 지금 우리 사회가 친미적 경향으로 치닫는다면, 아마 나는 열 개의 코드로 부정적인 부분을 더 강조했을 것이다. 내가 정한 열 개의 코드가 다 긍정적이지만은 않다. 나는 퓨리턴의 집요한 세계 재패의 의도도 보여 주었고, 포르노 문제 같은 다루기 어려운 지나친 자유에 대해서도 논했다.

얼마 전에 우리 나라의 대통령이 반미교육에 대해 우려한 다는 것이 보도되었다. 미국에서라면 대통령은 여론의 발제자라기보다는 수렴자쪽에 더 가깝게 서있다. 정치적 지도부가 의견을 제시할 때는 우선 무수한 시정과 언론 그리고 의회에서의 불꽃 튀는 갑론을박을 거친 다음이다. 이라크와의 전쟁도 하룻밤 사이에 결정된 듯 보이지만, 수 년 동안의 논의와 9.11 테러 후 더욱 탄력을 받은 심각한 논쟁 끝에 도달한 것이다. 그리고 전쟁의 와중에도 전쟁에 대한 반대 의견 또한 당당하게 공존한다. 바로 이런 것이 미국의 개인주의적 성향과 우리 나라의 집단주의적 차이를 단적으로 나타내주는 것이다. 그러나 우리의 집단정서는 어떤 그룹에서건 득세한 집단에 거슬리는 의견을 제출하면 왕따당하는 것이 현실이다. 그러므로 우리 나라에서는 국가 현안에 대한 새로운 논의도 위에서부터 시작되는 부분이 많다. 언론, 학계 모두 왕따당할까봐 조용히 눈치만 보고 있다가 정부가 나서면 그제서야 줄줄이 따라 나선다. 그러므로 개혁, 시민운동, 통일의 추진력도 시정의 논의보다는 국책을 받쳐주는 예산의 힘을 받고서야 가동되기 시작한다. 이제는 반미정서에 대한 브레이크도 위에서부터 걸렸다. 그 과정에 대한 회의는 있을지언정 미국전공자로서 반가운 일이 아닐 수 없다.

미국이 이라크 전쟁에서 승리하기 며칠 전까지만 해도 미디어나 정치적 해설을 비롯한 우리 모두는 후세인이 아랍 민족주의자라는 한 부분에만 치우친 채, 그가 자국민을 압제하고 다른 아랍 국가들도 그를 견제한다는 측면은 알려고 하지도 않았고 알리려고 하지도 않았으며, 천편일률적으로 이라크 전쟁을 이라크 정유사업을 독점하여 세계재패를 노리는 미국의 전략으로 간주하였다.

이러한 단순 논리는 사회의 지적 성숙을 위해 아주 위험하다. 바로 이 점 때문에 이 책은 열 가지 다양한 요소의 복합적인 시각으로 미국을 보자고 권하고 있다. 예컨대 9.11 테러도 퓨리턴 정신에서 보는 것과 다문화주의적 시각에서 보는 것은 다를 수 있기 때문이다. 요즈음 우리의 미국에 대한 견해는 대부분 유럽을 통해 걸러 나온다. 그러나 유럽은 유럽 나름대로의 독특한 감각으로 미국을 본다. 20세기에 들어서서 양차 대전의 내분으로 유럽이 폐허가 되었을 때 구원의 손길을 내민 것은 미국이었다. 그 전까지 미국인들은 유럽을 구세계, 미국은 신세계라는, 즉 귀족사회 v. 평민사회라는 대립적 시각으로 보아왔다. 그러나 양차대전에서 연합세력을 이루면서 이 두 곳의 차이는 희석되었고, 미국도 유럽의 후속 국가라는 동질감이 강조되었다. 그리고 유럽지식인들은 손상받은 자존심을 유럽에는 문화가 있으나 미국은 문화가 없고, 물질적이며, 퇴폐적 자본주의의 나라라는 것으로 단순화했다.

그러나 이번의 이라크 전쟁을 기점으로 미국과 유럽의 이질감이 되살아나는 것 같다. 이제 우리들은 유럽의 시각을 통해 미국을 해석할 필요가 없다. 지나온 역사를 파헤치고 보면,

미국의 유대인 문제는 유럽이 유대인을 박해했기에 미국에서 오갈 데 없는 그들을 대폭 받아주면서부터 시작되었고, 현재 아랍계 주민에게 차별적 대우를 하는 곳도 미국이 아닌 유럽 국가들이다. 이제 우리는 우리 고유의 시각으로 미국을 보는 것이 필요하며 열 가지, 아니 그 이상의 복잡한 코드로 보는 것이 바람직하다.

미국의 정체성 10가지 코드로 미국을 말한다

펴낸날	초판 1쇄 2003년 6월 30일
	초판 11쇄 2015년 11월 17일

지은이	김형인
펴낸이	심만수
펴낸곳	(주)살림출판사
출판등록	1989년 11월 1일 제9-210호

주소	경기도 파주시 광인사길 30
전화	031-955-1350 팩스 031-624-1356
기획 · 편집	031-955-4671
홈페이지	http://www.sallimbooks.com
이메일	book@sallimbooks.com

ISBN	978-89-522-0098-3 04080

089 커피 이야기

eBook

김성윤(조선일보 기자)

커피는 일상을 영위하는 데 꼭 필요한 현대인의 생필품이 되어 버렸다. 중독성 있는 향, 마실수록 감미로운 쓴맛, 각성효과, 마음의 평화까지 제공하는 커피. 이 책에서 저자는 커피의 발견에 얽힌 이야기를 통해 그 기원을 설명한다. 커피의 문화사뿐만 아니라 커피에 대한 일반적인 정보 및 오해에 대해서도 쉽고 재미있게 소개한다.

021 색채의 상징, 색채의 심리

박영수(테마역사문화연구원 원장)

색채의 상징을 과학적으로 설명한 책. 색채의 이면에 숨어 있는 과학적 원리를 깨우쳐 주고 색채가 인간의 심리에 어떤 작용을 하는지를 여러 가지 분야의 사례를 통해 설명한다. 저자는 색에는 나름대로의 독특한 상징이 숨어 있으며, 성격에 따라 선호하는 색채도 다르다고 말한다.

001 미국의 좌파와 우파

eBook

이주영(건국대 사학과 명예교수)

진보와 보수 세력의 변천사를 통해 미국의 정치와 사회 그리고 문화가 어떻게 형성되고 변해왔는지를 추적한 책. 건국 초기의 자유방임주의가 경제위기의 상황에서 진보-좌파 세력의 득세로 이어진 과정, 민주당과 공화당의 대립과 갈등, '제2의 미국혁명'으로 일컬어지는 극우파의 성장 배경 등이 자연스럽게 서술된다.

002 미국의 정체성 10가지 코드로 미국을 말하다

eBook

김형인(한국외대 연구교수)

개인주의, 자유의 예찬, 평등주의, 법치주의, 다문화주의, 청교도 정신, 개척 정신, 실용주의, 과학·기술에 대한 신뢰, 미래지향성과 직설적 표현 등 10가지 코드를 통해 미국인의 정체성과 신념을 추적한 책. 미국인의 가치관과 정신이 어떠한 과정을 통해서 형성되고 변천되어 왔는지를 보여 준다.

058 중국의 문화코드

강진석(한국외대 연구교수)

중국의 핵심적인 문화코드를 통해 중국인의 과거와 현재, 문명의 형성 배경과 다양한 문화 양상을 조명한 책. 이 책은 중국인의 대표적인 기질이 어떠한 역사적 맥락에서 형성되었는지 주목한다. 또한, 구체적이고 실제적인 여러 사물과 사례를 중심으로 중국인의 사유방식에 대해 설명해 주고 있다.

057 중국의 정체성　　eBook

강준영(한국외대 중국어과 교수)

중국, 중국인을 우리는 과연 어떻게 이해해야 하나? 우리 겨레의 역사와 직·간접적으로 끊임없이 영향을 주고받은 중국, 그러면서도 아직까지 그들의 속내를 자신 있게 말할 수 없는, 한편으로는 신비스럽고, 한편으로는 종잡을 수 없는 중국인에 대한 정체성을 명쾌하게 정리한 책.

015 오리엔탈리즘의 역사　　eBook

정진농(부산대 영문과 교수)

동양인에 대한 서양인의 오만한 사고와 의식에 준엄한 항의를 했던 에드워드 사이드의 오리엔탈리즘. 이 책은 에드워드 사이드의 이론 해설에 머무르지 않고 진정한 오리엔탈리즘의 출발점과 그 과정, 그리고 현재와 미래의 조망까지 아우른다. 또한 오리엔탈리즘이 사이드가 발굴해 낸 새로운 개념이 결코 아님을 역설한다.

186 일본의 정체성　　eBook

김필동(세명대 일어일문학과 교수)

일본인의 의식세계와 오늘의 일본을 만든 정신과 문화 등을 소개한 책. 일본인을 지배하는 이데올로기는 무엇이고 어떤 특징을 가지는지, 일본을 주목해야 하는 이유는 무엇인지 등이 서술된다. 일본인 행동양식의 특징과 토착적인 사상, 일본사회의 문화적 전통의 실체에 대한 분석을 통해 일본의 정체성을 체계적으로 살펴보고 있다.

261 노블레스 오블리주 세상을 비추는 기부의 역사

예종석(한양대 경영학과 교수)

프랑스어로 '높은 사회적 신분에 상응하는 도덕적 의무'를 뜻하는 노블레스 오블리주. 고대 그리스부터 현대까지 이어지고 있는 노블레스 오블리주의 역사 및 미국과 우리나라의 기부 문화를 살펴보고, 새로운 시대정신으로 노블레스 오블리주를 부활시킬 수 있는 가능성을 모색해 본다.

396 치명적인 금융위기, 왜 유독 대한민국인가 eBook

오형규(한국경제신문 논설위원)

이 책은 전 세계적인 금융 리스크의 증가 현상을 살펴보는 동시에 유달리 위기에 취약한 대한민국 경제의 문제를 진단한다. 금융안정망 구축 방안과 같은 실용적인 경제정책에서부터 개개인이 기억해야 할 대비법까지 제시해 주는 이 책을 통해 현대사회의 뉴노멀이 되어 버린 금융위기에서 살아남는 방법을 확인해 보자.

400 불안사회 대한민국, 복지가 해답인가 eBook

신광영(중앙대 사회학과 교수)

대한민국 사회의 미래를 위해서 복지는 선택이 아니라 필수라고 말하는 책. 이를 위해 경제 위기, 사회해체, 저출산 고령화, 공동체 붕괴 등 불안사회 대한민국이 안고 있는 수많은 리스크를 진단한다. 저자는 사회적 위험에 대응하기 위한 복지 제도야말로 국민 모두의 삶의 질을 높일 수 있는 길이라는 것을 역설한다.

380 기후변화 이야기 eBook

이유진(녹색연합 기후에너지 정책위원)

이 책은 기후변화라는 위기의 시대를 살면서 우리가 알아야 할 기본지식을 소개한다. 저자는 기후변화와 관련된 핵심 쟁점들을 모두 정리하는 동시에 우리가 행동해야 할 실천적인 대안을 제시한다. 이를 통해 독자들은 기후변화 시대를 사는 우리가 무엇을 해야 할 것인지에 대하여 생각해 볼 수 있을 것이다.

eBook 표시가 되어있는 도서는 전자책으로 구매가 가능합니다.

(주)살림출판사
www.sallimbooks.com
주소 경기도 파주시 문발동 522-1 | 전화 031-955-1350 | 팩스 031-955-1355